Wirtschafts-
nachrichten
lesen und
verstehen

Dr. Peter A. Klocke

Die Deutsche Bibliothek – CIP-Einheitsaufnahme

Klocke, Peter:
Wirtschaftsnachrichten lesen und verstehen / Peter A. Klocke. – 1. Aufl.. –
Freiburg i. Br. : Haufe, 2001
   (TaschenGuide ; Bd. 56)
   ISBN 3-448-04703-1

ISBN 3-448-04703-1
Bestell-Nr. 00647-0001

© 2001, Rudolf Haufe Verlag GmbH & Co. KG,
Niederlassung München
Postanschrift: Postfach, 82142 Planegg
Hausanschrift: Fraunhoferstraße 5, 82152 Planegg
Fon (0 89) 8 95 17-0, Fax (0 89) 8 95 17-2 50
E-Mail: online@haufe.de
Internet: http://www.haufe.de, http://www.taschenguide.de
Redaktion: Dr. Ilonka Kunow

Satz + Layout: Satzstudio »Süd-West« GmbH, 82166 Gräfelfing
Umschlaggestaltung: Agentur Buttgereit & Heidenreich, 45721 Haltern am See
Titelbild: Simone Kienle, par:two, Büro für Visuelles, Stuttgart
Lektorat: Oliver Neumann, Verlagsbüro, 80333 München
Druck: J. P. Himmer GmbH & Co. KG, 86167 Augsburg

Zur Herstellung der Bücher wird nur alterungsbeständiges Papier verwendet.

TaschenGuides – alles, was Sie wissen müssen

Für alle, die wenig Zeit haben und erfahren wollen, worauf es ankommt. Für Einsteiger und für Profis, die ihre Kenntnisse rasch auffrischen wollen.

Sie sparen Zeit und können das Wissen effizient umsetzen:

Kompetente Autoren erklären jedes Thema aktuell, leicht verständlich und praxisnah.

In der Gliederung finden Sie die wichtigsten Fragen und Probleme aus der Praxis.

Das übersichtliche Layout ermöglicht es Ihnen sich rasch zu orientieren.

Anleitungen „Schritt für Schritt", Checklisten und hilfreiche Tipps bieten Ihnen das nötige Werkzeug für Ihre Arbeit.

Als Schnelleinstieg die geeignete Arbeitsbasis für Gruppen in Organisationen und Betrieben.

Besuchen Sie uns im Internet: http://www.taschenguide.de

Hier finden Sie Arbeitsmittel zum Downloaden und können Ihre Meinung direkt an die TaschenGuide-Redaktion mailen. Wir freuen uns auf Ihre Anregungen.

Inhalt

Vorwort

Aktienboom, private Altersvorsorge, Globalisierung, Einführung des Euro, Fusionen – der Wirtschaftsteil einer Zeitung wird für immer mehr Menschen immer wichtiger. Längst ist nicht mehr nur der Profi auf Informationen aus der Finanzwelt angewiesen, sondern eine breite Schicht von Interessenten.

Dieser TaschenGuide möchte Ihnen zeigen, wie Sie aus dem Wirtschaftsteil einer Zeitung oder eines anderen Mediums (Internet, Fernsehen, Hörfunk, Zeitschriften) den bestmöglichen praktischen Nutzen ziehen. Egal, ob Sie sich aus beruflichen Gründen damit befassen oder ob Sie nach der optimalen Anlageform für Ihre Ersparnisse suchen.

Weil ökonomische Grundüberlegungen dabei genauso wichtig sind wie bestimmte betriebswirtschaftliche Bausteine, die Aufgaben der Finanzwirtschaft und die Rolle der Banken, finden Sie in diesem TaschenGuide Informationen zu all diesen Bereichen.

Eines liegt mir dabei besonders am Herzen: dass Sie mit Hilfe dieses Buches in die Lage versetzt werden, die Strategien und Aussagen von Unternehmen, Banken und Wirtschaftsexperten kritisch zu hinterfragen und zwischen den Zeilen zu lesen.

Dr. Peter A. Klocke

Der Wirtschaftsteil: ein wichtiges Informations- instrument

Geht Ihnen manchmal auf den Wirtschaftsseiten Ihrer Zeitung der Überblick verloren? Dieses Kapitel hilft Ihnen, sich zwischen Wirtschaftsnach- richten, Kommentaren und Börsenmeldungen zurechtzufinden.

Wem der Wirtschaftsteil nützt

Tag für Tag ist der Wirtschaftsteil der Zeitungen oder eines anderen Mediums die Grundlage für die Meinungsbildung zahlreicher Interessierter und für wichtige Entscheidungen beruflicher und privater Natur. Geschäftsführer und Mitarbeiter/innen von Unternehmen, die sich im Markt behaupten müssen, Berater der verschiedenen Branchen aus Industrie und Dienstleistung, aber auch Kunden und Lieferanten ziehen wesentliche Informationen daraus.

Neben Meldungen, die insbesondere für professionelle Belange wichtig sind, enthält der Wirtschaftsteil auch eine Fülle Wissenswertes für Privatleute.

Beispiele

Sie möchten die finanzielle Situation Ihres Haushalts optimieren? Tipps, Beiträge und Daten zu den Konditionen der Banken für private Kredite oder Finanzierungen finden Sie im Wirtschaftsteil. Sie wollen sich über die konkreten Auswirkungen der Steuerreform informieren, Kommentare von Fachleuten zu bestimmten Themen lesen oder wissen, welche Folgen die Erhöhung der Mineralölpreise gesamtökonomisch hat? Im Wirtschaftsteil werden Sie fündig.

Auch für die vielen Aktienanleger, die in den letzten Jahren – mehr oder weniger gut informiert – das spekulative Börsengeschäft betrieben haben, war der Wirtschaftsteil unverzichtbar.

Nachrichten über Wirtschaftspolitik, Unternehmen, Tendenzen, Börsenentwicklungen, Personen, Strategien, dazu Kommentare, Erläuterungen, Zahlen – das thematische Angebot

ist so groß und vielseitig, dass eigentlich alle Bevölkerungs-
schichten einen Nutzen von diesem Teil der Zeitung oder diesem Block der TV-Nachrichten haben.

Wie sind die Wirtschaftsseiten aufgebaut?

Die verschiedenen Printmedien unterscheiden sich nicht nur
hinsichtlich der Tiefe und Qualität ihrer Informationen. Einzelne Themen werden oft verschieden behandelt und entsprechend der Ausrichtung des Mediums gewertet. Das hat
zur Folge, dass sich die Wirtschaftsseiten der einzelnen Zeitungen zum Teil stark voneinander unterscheiden, und zwar
auch in der Darstellung und im Aufbau.

Beispiel
Ökonomische oder steuerrechtliche Fragestellungen und Probleme werden von den Experten der einzelnen Zeitungen bisweilen auf sehr unterschiedliche Weise kommentiert.

Doch die meisten bedienen sich einer bestimmten Grund-
struktur. Sie hilft Ihnen, schnell zu den für Sie relevanten Bereichen vorzudringen. So sieht die Übersicht aus:

■ Informationen und Kommentare zu aktuellen Themen

■ Überblick über aktuelle wirtschaftliche Daten und Tendenzen

■ Nachrichten zu Unternehmern und Unternehmen

■ Berichte über die verschiedenen Märkte (Aktien-, Anleihe-,
Finanz-, Geldmarkt)

Der Wirtschaftsteil der FAZ

Sehen wir uns als Beispiel den Wirtschaftsteil der Frankfurter Allgemeinen Zeitung an. Er hat folgende Grobstruktur:

Vorderseite

Spalten 1,2: Kommentare, beispielsweise zu Wirtschaftssituationen

Spalte 3-5: Berichte zu aktuellen Themen wie beispielsweise Regelungen zum Kündigungsschutz

Spalte 6: aktuelle Finanzdaten (Dollar je Euro; Indizes) und Inhaltsverzeichnis des Wirtschaftsteils

Folgeseiten

Auf den nächsten Seiten finden Sie weitere Berichte zu Themen wie Geldpolitik oder Verhalten der Verbraucher. Nachrichten über bestimmte Unternehmen folgen. Dazu gehören beispielsweise Kurzmeldungen über Insolvenzverfahren. Außerdem werden hier Persönlichkeiten des Wirtschaftslebens vorgestellt.

Der darauf folgende Steuer- und Rechtsteil informiert Sie über aktuelle Änderungen und in Kurzform über die neueste Rechtsprechung.

Unter der Lupe: Finanzmarkt

Die Finanzmarktseiten des Wirtschaftsteils betrachten wir etwas genauer. Hier finden Sie Folgendes:

Vorderseite

Die Vorderseite ist der Entwicklung der einzelnen Finanzmärkte (Aktienmärkte mit Dax und Nemax All Share) gewidmet. Auch Währungsinformationen und Stellungnahmen zu
bestimmten Themen der Finanzmärkte – beispielsweise zum
Euro – haben hier ihren Platz. Börsennotizen runden das
erste Bild ab.

Folgeseiten

Die nächsten Seiten sind Kommentaren von Experten und allgemeinen Tendenzen gewidmet. Hier bekommen Sie auch
Tipps zu Geldanlagen und können die Entwicklung von deutschen und internationalen Aktien und Indizes nachvollziehen.
Devisen- und Warenmärkte werden ebenso wie die Edelstahl-
märkte (Münzen, Metalle) detailliert durchleuchtet.

Die Euro-Anleihemärkte, die Anleihe- und Terminmärkte sowie eine umfangreiche Übersicht über die verschiedenen
Fonds schließen die Informationen des Finanzmarktteils ab.

So finden Sie Ihr Thema

Dem kundigen Leser bereitet es keine Schwierigkeiten, die für
ihn relevanten Themen zu entdecken. Er selektiert beim
Durchblättern und weiß, wo er welche Informationen erhält.

Schwieriger wird es für den Neueinsteiger. Er ist angesichts
der Fülle der Informationen vermutlich zunächst einmal über-
fordert und sollte deshalb den klassischen Weg über das In-

haltsverzeichnis auf der ersten Seite des Wirtschaftsteils wählen.

In der *Frankfurter Allgemeinen Zeitung* finden Sie dort die Sparten „Wirtschaft", „Unternehmen", „Im Überblick", „Unternehmen/Wetter" und „Finanzmarkt" mit Nennung der einzelnen Artikel/Themen. Das Inhaltsverzeichnis der *Süddeutschen Zeitung* ist weniger ausführlich; es enthält jeweils nur den Hauptartikel. Die Sparten: „Wirtschaft", „Unternehmen", „Börse und Finanzen", „Kursteil".

Welche Themenbereiche spielen eine Rolle?

Die Fachbereiche eines Wirtschaftsteils lassen sich grundsätzlich wie folgt einteilen:

- volkswirtschaftliche Fragen
- betriebswirtschaftliche Fragen
- spezielle finanzwirtschaftliche Fragen des Anlage- und Kreditgeschäfts

Natürlich gibt es hier Überschneidungen. So spielen beispielsweise im Rahmen von betriebswirtschaftlichen Fragen des Controllings auch Themen aus dem Bereich der Kooperation mit Kreditinstituten eine wichtige Rolle.

Volkswirtschaftliche Fragen

Gesamtökonomische Fragen werden aufgrund der Globalisierung immer wichtiger und müssen speziell hinterfragt werden. Hier gilt es, das Verhalten von Unternehmen, privaten Haushalten, Banken und Staaten zu verstehen. Dazu kommen internationale Reaktionen und ökonomische Auswirkungen.

Beispiel
Wie wirken sich die Zinssenkungen der Notenbanken auf die Investitionen im Inland und auf die Exporte aus?

Betriebswirtschaftliche Fragen

Individuelle unternehmensspezifische Angelegenheiten gehören zum Bereich der Betriebswirtschaft. Das gilt auch für Jahreszahlen, Hauptversammlungen und Meldungen zu Unternehmerpersönlichkeiten.

Beispiel
Wie verläuft die Sanierungsphase eines bekannten Produktionsunternehmens? Welche Chancen bestehen, den bisherigen Personalstand zu halten?

Spezielle finanzwirtschaftliche Fragen

Nicht erst seit dem Aktien- und Investmentboom der letzten Jahre kommt dem umfangreichen Komplex Anlageformen eine bedeutende Rolle zu. Informationen zu Dividendenpapieren, festverzinslichen Wertpapieren, Fonds, Mischformen usw. gehören zu diesem Bereich.

■ *Der Anlagemarkt hat sich in den vergangenen Jahren fundamental gewandelt – denken Sie nur an das gute, alte Sparbuch, das heute in der traditionellen Form kaum noch eine Bedeutung hat. Außerdem gibt es neue Formen der Geldanlage und wesentlich mehr Unternehmen, die sich am Kapitalmarkt finanzieren.* ■

Beispiel
Mittlerweile tummeln sich am Neuen Markt mehrere hundert Unternehmen, vor allem aus den Bereichen Elektronik, Informations- und Biotechnologie. Da die Risiken in diesem Börsensegment wesentlich größer sind als beispielsweise im amtlichen Handel, sind Sie als Anleger auf fundierte Informationen und Einschätzungen von Profis angewiesen. Die finden Sie im Wirtschaftsteil.

Gleichermaßen interessant für Unternehmen wie für Privatkunden sind Aspekte, die die Finanzierung betreffen. Hier spielen auch die Zinspolitik und die Tendenzen der Zinsentwicklung bei den kreditgebenden Banken eine Rolle.

Beispiel
Im Wirtschaftsteil finden Sie Informationen über die Zinsen bei Baufinanzierungen, in der Regel gestaffelt nach Laufzeiten bzw. Zinsbindungsfristen der Darlehen

Welche Themen für welche Zielgruppe?

Je nach beruflichen bzw. privaten Interessen unterscheiden sich die Lesergruppen eines Wirtschaftsteils. Grundsätzlich haben folgende Zielgruppen ein besonderes Interesse daran:

- Unternehmen/Unternehmer
- private Haushalte
- Kreditinstitute
- staatliche Institutionen

Zielgruppe Unternehmer

Unternehmen und Unternehmer interessieren sich nicht nur für die gesamtwirtschaftliche Lage – insbesondere ihrer Branche –, sondern auch für aktuelle Daten und Konditionen. Diese sehr anspruchsvolle Zielgruppe erwartet darüber hinaus eine fundierte Aufbereitung betriebswirtschaftlicher Themen. Auch steuerliche Fragen und die aktuelle Rechtsprechung sind für sie wichtig.

Beispiel
So interessieren Unternehmer etwa aktuelle Entscheidungen des Bundesgerichtshofs zum Arbeitsrecht, Entscheidungen des Bundesfinanzhofs zum Steuerrecht oder Gesetzesnovellen wie die Unternehmenssteuerreform.

Vor allem im Hinblick auf diese Zielgruppe zeigt sich, welches fachliche Niveau ein Wirtschaftsteil hat und über welche Erfahrungen in den einzelnen Branchen die Journalisten verfügen.

Zielgruppe private Haushalte

Das sind vor allem Arbeitnehmer. Sie haben als private Anleger und Kreditnehmer ebenfalls Interesse an den Marktkonditionen für Anlage- und Kreditgeschäfte. Außerdem wollen sie im Wirtschaftsteil ihrer Zeitung beispielsweise über

- die Inflation,
- Steuer- und Rentenreformen,
- die wirtschaftlichen Belange der Europäischen Union,
- die allgemeine konjunkturelle Lage,
- Börsengänge

und vieles mehr unterrichtet werden. Diese Zielgruppe ist im Allgemeinen gut informiert. Bei komplexeren Fragestellungen erwartet sie vom Wirtschaftsteil Aufklärung. Auch über praktische Tipps freut sie sich.

Zielgruppe Kreditinstitute

Kreditinstitute spielen im Wirtschafts- und Finanzgeschäft eine zentrale Rolle. Sie müssen nicht nur den gesamten Markt beurteilen, sondern auch einzelne Unternehmen. Um objektive Prognosen erstellen zu können, ist es für sie deshalb wichtig, das Umfeld der verschiedenen Unternehmen und Branchen im Auge zu behalten.

Auch das weltweite Anlagegeschäft lebt von Informationen aus dem Wirtschaftsteil. Außer auf interne Daten greifen Banken deshalb genauso auf diese Informationen zurück.

Zielgruppe staatliche Institutionen

Die verschiedenen staatlichen Organisationen schließlich benötigen den Wirtschaftsteil, um sich Kenntnisse über wirtschaftliche Entwicklungen und Unternehmen zu verschaffen. Denn auch die öffentliche Verwaltung misst ihre Effizienz immer stärker an unternehmerischen Kriterien. Und der Übergang von der Kameralistik – darunter versteht man den Rechnungsstil der öffentlichen Verwaltung mit Darstellung der Überschüsse oder der Fehlbeträge – zur doppelten Buchführung verlangt ein effizientes Rechnungswesen.

Ökonomische und betriebswirtschaftliche Aspekte

Der Wirtschaftsteil bietet Ihnen ein Höchstmaß an Informationen und Serviceleistungen. Doch damit Sie die Berichte, Meldungen und Daten auch richtig einschätzen können, müssen Sie nicht nur über ökonomische und betriebswirtschaftliche Grundkenntnisse verfügen, sondern sich auch bewusst sein, dass die Auswahl der Daten und Fakten immer nur einen Ausschnitt aus der Wirklichkeit widerspiegelt.

Oft gibt es mehrere Wahrheiten

Vorsicht Interpretation!

Inwieweit Artikel und Beiträge im Wirtschaftsteil objektiv und sachlich richtig sind und damit auch Wissen über die Realität vermitteln ist oft schwierig zu beurteilen. Dieser TaschenGuide möchte Ihnen das Rüstzeug vermitteln, das dafür nötig ist.

In erster Linie hilft Ihnen volks- und betriebswirtschaftliches Wissen, objektive Fakten und subjektive Meinungen voneinander zu unterscheiden. Denn natürlich können nicht alle Berichte im Wirtschaftsteil einer Zeitung hundertprozentige Objektivität für sich beanspruchen. Oft genug sind sie von der Weltanschauung des Verfassers oder der Zeitung geprägt. Daten und Fakten können auf unterschiedliche Weise interpretiert werden; dessen müssen Sie sich bei der Lektüre immer bewusst sein.

Beispiel

Die Frage, ob eine Rolex-Uhr im Wert von rund 3 000 € ein hochwertiges Luxusgut darstellt oder nicht, wird sicherlich von verschiedenen Menschen unterschiedlich beurteilt – je nach Präferenzen und zur Verfügung stehendem Budget. Es ist daher nicht wissenschaftlich, wenn man in diesem Falle von einem hochwertigen Luxusgut spricht.

Grafiken und Statistiken

Ein ähnliches Problem stellt die Beurteilung von Grafiken und Statistiken dar. Statistiken lügen nicht, weiß der Volksmund – doch sicher kennen Sie Winston Churchills Spruch, er glaube erst dann an Statistiken, wenn er sie selbst gefälscht habe. Sehen Sie sich genau an, was womit verglichen oder wozu in Relation gesetzt wird. Sind die Zahlen vor diesem Hintergrund noch aussagekräftig?

> ■ *„Ich stehe Statistiken etwas skeptisch gegenüber. Denn laut Statistik haben ein Millionär und ein armer Kerl jeder eine halbe Million."*
> *(Franklin D. Roosevelt)*   ■

Nehmen Sie beispielsweise die grafische Darstellung eines Aktienkurses, die zwei Monate umfasst – Juli und August. Die Kurve verläuft mit wenigen Abschwächungen steil nach oben. Alles deutet daraufhin, dass es so weitergeht. Investieren?

Da Sie vorsichtig sind, besorgen Sie sich (z. B. aus dem Internet) ein Diagramm, das die letzten drei Jahre einschließt. Sie sehen, dass der Kurs jedes Jahr im Juli und August stark nach oben ausschlägt, im September bröckelt, im Oktober steil nach unten fällt.

Beispiel

Die folgende Arbeitslosenstatistik illustriert das Problem.

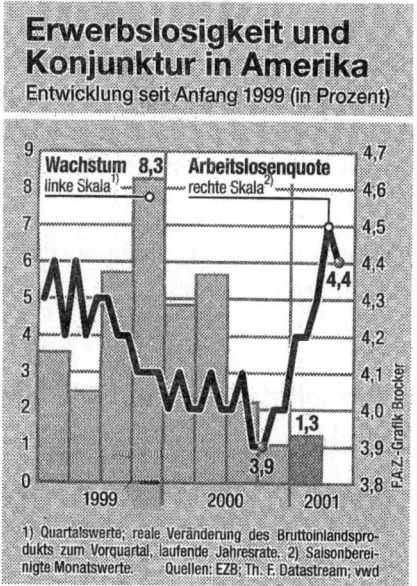

Quelle: *Frankfurter Allgemeine Zeitung,* 2.6.2001

Die Statistik, zeigt, dass die Arbeitslosenquote in den USA zwischen April und Mai von 4,5 % auf 4,4 % gesunken ist. Dennoch hat sich der Abbau von Arbeitsplätzen in der Wirtschaft um knapp 10 000 Stellen erhöht. Dies zeigt, dass eine Grafik gründlich zu hinterfragen ist und Statistiken erst dann aussagefähig sind, wenn auch Hintergrundinformationen vorliegen.

Weitere wichtige Faktoren

Vergessen Sie bei der Beurteilung von Meldungen und Daten nicht, dass auch in der Wirtschaft ein soziales Grundgerüst existiert. Gerade die wechselseitigen Beziehungen zwischen staatlichen Institutionen und der Wirtschaft müssen berücksichtigt werden, genauso die Beziehungen der Länder untereinander. Das ist bei unterschiedlichen Systemen besonders schwierig.

Eine bedeutende Rolle spielt natürlich auch die Wirtschaftspolitik der Länder und des Bundes.

Betriebswirtschaftliche Aspekte des Wirtschaftsteils

Nicht nur ökonomische Aspekte müssen berücksichtigt werden, auch betriebswirtschaftliche Zusammenhänge sind fundamental wichtig, wenn man Unternehmen und deren Strategien beurteilen möchte.

Gerade an diesem Punkt scheitern sogar viele Fachleute, da ihnen fundierte betriebswirtschaftliche Grundlagen fehlen.

Beispiel

Ein Unternehmen veröffentlicht in einer PR-Mitteilung, sein Gewinn im Jahr 2001 sei um 10 % auf 640 000 € gestiegen. Dies wird in der Zeitung kommentarlos wiedergegeben. Viele Experten würden jetzt vielleicht behaupten, dies sei ein erfreulicher Indikator für den wirtschaftlichen Erfolg des Unternehmens. Im ersten Moment möchte man sagen, dass diese Aussage richtig ist. Doch welcher Gewinn ist eigentlich gemeint? Der Gewinn laut Handelsrecht, der für Banken und Dritte bestimmt ist, oder der Gewinn nach Steuerrecht, der für das Finanzamt interessant ist? Oder gar der Gewinn nach den Überlegungen der Kostenrechnung, den eigentlich nur Insider kennen?

Zahlreiche Aspekte sind zu berücksichtigen

Die betriebswirtschaftlichen Aspekte allein im betrieblichen Rechnungswesen eines Unternehmens (Finanzbuchführung, Kostenrechnung, Planung und Statistik) sind sehr vielfältig. Beim Lesen von Wirtschaftsnachrichten sollten Sie daher einige Kenntnisse über Unternehmen „im Hinterkopf haben".

Unternehmen werden nicht nur von ihrem Vertrieb (Werbung, Marketing, Verkauf) und der Produktion bzw. Herstellung bestimmt. Weitere wichtige Bereiche sind die Materialwirtschaft, das Rechnungswesen, die Steuern sowie die Bereiche Personalwirtschaft und Organisation. Die Verstrickungen dieser komplexen Strukturen und Unternehmensabteilungen untereinander zu durchleuchten fällt oft schwer. Im Wirtschaftsteil der Zeitung werden diese Strukturen in der Regel niemals vollständig dargestellt.

Problem Kommunikation

Ein großes Problem in der betriebswirtschaftlichen Praxis ist, dass die Information und Kommunikation in den Unternehmen zwischen den Menschen nur selten so funktioniert, dass es für alle Beteiligten produktiv ist. Dieses Informationsproblem besteht aber nicht nur intern, sondern es wirkt auch nach außen.

Diese Informationen geben die Unternehmen an die Medien
weiter:

- Umsatzentwicklungen
- Kostenentwicklungen
- Gewinnentwicklungen
- Entwicklung der Marktsituation

Das Problem bei diesen Daten ist, dass sie die realistischen
zukünftigen Entwicklungen und Chancen des Unternehmens
oft nur unzureichend wiedergeben und der Leser so zu Fehl-
einschätzungen verleitet wird.

Volkswirtschaft und Ökonomie

Ökonomische Vorgänge zu analysieren und zu deuten ist in vielen Fällen schwierig, da die Strukturen teilweise sehr komplex sind. Wer den Wirtschaftsteil einer Zeitung liest, benötigt deshalb eine gewisse Kenntnis der Grundzusammenhänge. Darum geht es in diesem Kapitel.

Die Grundregeln des Wirtschaftens

Bevor Sie sich die Abläufe des Wirtschaftens ansehen, sollten Sie sich ein begriffliches Rüstzeug zulegen. Im Folgenden finden Sie einige wichtige Begriffe rund um die Grundregeln des Wirtschaftens erklärt.

Bedürfnis und Bedarf

Wenn Menschen einen Mangel empfinden und diesen Mangel unbedingt beseitigen möchten, spricht man von „Bedürfnis". Ist dieses Bedürfnis mit Kaufkraft verbunden, dann existiert ein „Bedarf".

Es gibt verschiedene Arten von Bedürfnissen. Man unterscheidet wie folgt:

- Individuelle Bedürfnisse bzw. Individualbedürfnisse. Individualbedürfnisse sind dadurch gekennzeichnet, dass der Mensch einen persönlichen Wunsch hat, den er sich mit einem ganz bestimmten Mittel erfüllen möchte.

  Beispiel
  Sie melden sich für eine Weiterbildungsveranstaltung im Fachbereich Controlling an, um das Budget Ihrer Abteilung besser verwalten zu können (Wunsch). Als Mittel dient Ihnen die Teilnahme an einem Seminar der Haufe Akademie.

- Kollektive Bedürfnisse bzw. Kollektivbedürfnisse. Von Kollektivbedürfnissen spricht man, wenn alle Menschen denselben Wunsch haben.

  Beispiel
  Die Sicherheit im Straßenverkehr ist allen ein Anliegen (Wunsch). Um sie zu gewährleisten, hat man sich auf die Einhaltung der Verkehrsregeln und -vorschriften geeinigt (Mittel).

- Existenzielle Bedürfnisse bzw. Existenzbedürfnisse. Existenzbedürfnisse sind Bedürfnisse, welche die Existenz als primäres Bedürfnis sichern sollen.

  Beispiel

  Hunger und Durst gelten als die wichtigsten Existenzbedürfnisse. Die Mittel, mit deren Hilfe sie befriedigt werden, sind Nahrung und Getränke.

- Luxusbedürfnisse. Luxusbedürfnisse sind sehr subjektiv und werden auch sekundäre Bedürfnisse genannt.

  Beispiel

  Sie fühlen sich nur in Luxuslimousinen wirklich wohl. Deshalb fahren Sie einen Jaguar.

Güter

Neben Bedürfnissen gibt es unterschiedliche Arten von Gütern. Ihr Kennzeichen ist, dass sie einen bestimmten Nutzen bringen. Güter unterteilt man in zwei Gruppen:

1 Wirtschaftliche Güter, also materielle, immaterielle oder Sachgüter. Sie sind in der Regel knapp.

2 Freie Güter. Sie sind in unbegrenzter Menge vorhanden.

Ökonomisches Prinzip

Unter ökonomischem Prinzip versteht man

1 Minimalprinzip und

2 Maximalprinzip.

Das Minimalprinzip verlangt, dass ein gewünschter Erfolg mit dem effizientesten Einsatz von Ressourcen erreicht wird. Das

Maximalprinzip fordert, dass mit einem gegebenen Ressour-
cenbestand der optimale Erfolg erzielt wird.

Das ökonomische Prinzip ist das eigentliche Hauptprinzip des
effizienten Wirtschaftens. Seit einigen Jahren findet es bei
immer mehr Unternehmen Anwendung, wenn nämlich die
Kosten daran gemessen werden: Effizienz durch Kostenmini-
mierung um jeden Preis.

So erkennen Sie die ökonomischen Zusammenhänge

Die Zusammenhänge im Wirtschaftsleben werden anhand
von Kreislaufmodellen wiedergegeben. Sie bilden die komplexen Verhältnisse wirklichkeitsnah ab und ermöglichen so die
Interpretation einzelner Vorgänge und Zukunftsprognosen.
Selbst erfahrene Wirtschaftswissenschaftler bedienen sich
dieser Kreislaufbetrachtungen.

Da es sich um Denkmodelle handelt, müssen bestimmte An-
nahmen getroffen werden. Außerdem definiert man vorher
die relevanten Pole, die am Wirtschaftsleben teilnehmen.

Die wichtigsten Pole im Wirtschaftskreislauf

Zunächst identifiziert man die wichtigsten Teilnehmer im
Wirtschaftskreislauf, um später anhand eines einfachen Mo-
dells die wechselseitigen Beziehungen zu erkennen. Die fol-

genden zentralen Pole spielen bei einem einfachen Wirtschaftskreislauf eine Rolle:

1 Haushalte
2 Unternehmen
3 staatliche Institutionen bzw. Staat

Haushalte

Die privaten Haushalte stellen den Unternehmen ihre Arbeitsleistung zur Verfügung und erhalten dafür als Entgelt Lohn oder Gehalt. Das ihnen zur Verfügung stehende Geld geben die Haushalte nicht nur für Wohnen und andere existenzielle Bedürfnisse aus, sondern auch für Konsumgüter. Dabei versuchen sie, den eigenen Nutzen zu optimieren, indem sie das Güterbündel (mögliche Güterkonstellationen) so zusammensetzen, dass eine ideale Kombination entsteht.

Beispiel
Ein Hauhalt möchte 50 € für Lebensmittel ausgeben. Er kann als für sich ideales Güterbündel für 15 € Fleischprodukte, für 5 € Brot, für 10 € Milchprodukte, für 15 € Obst und Gemüse und für 5 € Teigwaren kaufen.

Die Kaufkraft eines Haushalts hängt in erster Linie von seinem Budget, dem Einkommen, ab. Auch ein Snobeffekt kann zum Tragen kommen, wenn der Haushalt häufig besonders wertvolle Produkte ersteht. Andere Haushalte horten Waren, wenn es beispielsweise Sonderangebote gibt.

Unternehmen

Als erwerbswirtschaftliche, ökonomische Größe stellen die Unternehmen Leistungen her und geben diese als Konsumgüter an die privaten Haushalte. Dafür erhalten sie Geld. Sie beziehen den Faktor Arbeitsleistung von den Haushalten, um überhaupt Leistungen produzieren zu können.

Staatliche Institutionen bzw. Staat

Unter diesen Oberbegriffen fasst man Bund, Länder, Gemeinden sowie die Sozialversicherungsträger zusammen. In jüngerer Zeit sind die Institutionen der Europäischen Union dazugekommen.

Der Staat hat vor allem zwei Aufgaben: Zum einen obliegt ihm die Umverteilung und Besteuerung von Einkommen und Vermögen. Zum anderen produziert und offeriert er Dienste und Güter, wie Flughäfen, Krankenhäuser und Straßen. Ein wichtiger Begriff, der in diesem Zusammenhang immer wieder im Wirtschaftsteil auftaucht, ist der „Haushalt" oder „Etat", der Volumen und Verteilung des dem Staat zur Verfügung stehenden Geldes bestimmt.

Die Kreislaufbeziehung zwischen Haushalten und Unternehmen

So fließt das Geld

Der Geldkreislauf zeigt, dass Geldbewegungen beispielsweise der Unternehmen und Haushalte dadurch entstehen, dass Erstere Letzteren ein Einkommen bezahlen. Gleichzeitig geben die Haushalte einen großen Teil ihres Einkommens an die Unternehmen zurück, da sie von ihnen Konsumgüter kaufen.

Mit diesen Konsumgütern wollen die privaten Haushalte ihre Bedürfnisse befriedigen. Der Rest des Einkommens wird gespart (so die Annahme in der Modellbetrachtung). Anders ausgedrückt: Dieser Geldstrom zeigt die Entstehung und Verwendung des Einkommens.

Der Güterkreislauf ist so gestaltet, dass die Haushalte den Unternehmen den Produktionsfaktor Arbeit zur Verfügung stellen, der in umgekehrter Richtung dem Wert der Konsumgüter entspricht.

Übersicht: Einfache Kreislaufbeziehungen

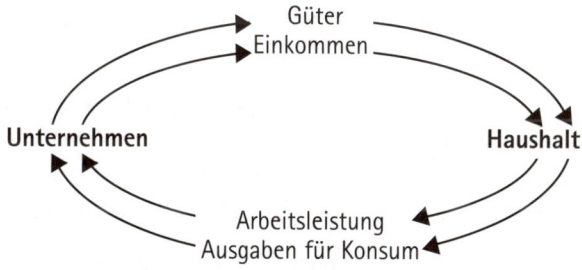

Nutzenoptimierung

Während die privaten Haushalte das Ziel verfolgen, ihren Nutzen zu optimieren, streben die Unternehmen Ähnliches mit der Gewinnmaximierung an. Folgende Beispiele sind zwar etwas vereinfacht, aber die zentralen ökonomischen Kernaussagen treffen durchaus zu.

Beispiele

Als privater Konsument wollen Sie Ihre Ausgaben optimieren: Der Nutzen soll ideal sein. Verfügt Ihr Haushalt über ein geringeres Einkommen, werden Sie deshalb bei günstigen Discountern einkaufen, da dort das Preis-Leistungs-Verhältnis für Sie am besten ist.

Das wichtigste Ziel eines Unternehmens ist in der Regel das Überleben am Markt. Grundsätzlich wird aber jede Firma auch einen möglichst optimalen Gewinn im Zielbündel formulieren – kein Unternehmer kann ohne Gewinn leben. Gerade für Aktiengesellschaften, aber auch für die meisten Existenzgründer ist dieses Ziel vorrangig.

Welche Rolle spielen die Preise?

Die Bedeutung der Preise

Preise haben vor allem den Zweck, das Angebot des Markts mit der Nachfrage abzustimmen. Ihre Festsetzung spielt bei sämtlichen Austauschrelationen eine große Rolle.

Nicht nur bei den Konsumgütern der privaten Haushalte und den Investitionsgütern der Unternehmen sind die Preise von Bedeutung, sondern natürlich auch beim Austausch des Faktors Arbeit (Haushalte) gegen Einkommen (Unternehmen).

Die Preise steuern die ökonomischen Kreislaufströme und dirigieren die Aktivitäten der am Wirtschaftsleben Beteiligten. Sie bilden sich am Markt, dem Ort, wo Angebot und Nachfrage aufeinander treffen.

Beispiel

Ein solcher Ort ist eine Börse. Hier bilden sich die Aktienkurse (Preise) täglich durch Angebot und Nachfrage.

Problem Preisbildung

Im Wirtschaftsalltag ist die Preisbildung für die Unternehmen wichtig – und recht schwierig. Geht man von der Überlegung aus, dass der Markt auch den richtigen Preis festlege, müssen die Unternehmen beachten, dass sie mit diesem Marktpreis die Kosten decken und Gewinne einfahren können.

> ■ *Die Kostendeckung ist in der Praxis oft ein großes Problem. Viele Unternehmen fahren keine Gewinne mehr ein und bieten ihre Güter nur noch an, um die Fixkosten zu decken und den Umsatz nicht der Konkurrenz zu überlassen.* ■

Die Inflation hat viele Gesichter

Im Zusammenhang mit den Preisen spielt die Inflation eine große Rolle. Man versteht darunter einen permanenten Preisanstieg.

Die folgenden Arten von Inflation werden unterschieden:

- Das Tempo der Geldentwertung ist maßgeblich:
  - Bei der „galoppierenden Inflation" ist die Rate für die Preissteigerung höher als die Verzinsung von langfristigen Vermögensanlagen.
  - Bei der „schleichenden Inflation" sind die Preissteigerungsraten gering (unter Verzinsung der Spareinlagen), aber dauerhaft.
- Die Entwicklung der Preise ist maßgeblich:
  - Bei der „offenen Inflation" steigen die Preise gemäß den Bedingungen des Markts enorm. Der Staat greift nicht regulierend ein.
  - Bei der „verdeckten Inflation" haben wir dasselbe Phänomen; hier legt der Staat jedoch Preisobergrenzen fest.

- Bei einer „importierten Inflation" kommt die Inflation im Inland durch im Ausland steigende Preise zustande. Aufgrund hoher Überschüsse beim Export erhält das Land ausländisches Geld; dieses Geld wird aber nicht für Importe oder Einfuhren verwendet.

Bringt nur scheinbar Vorteile: Die Deflation

Von Deflation spricht man, wenn die Preise sinken. Die Ursache für eine solche Entwicklung liegt oft darin, dass die Konsumenten weniger Güter nachfragen, weil sie glauben, dass die Preise weiter zurückgehen. Dies führt zu erneuten Preisreduktionen.

Darüber freuen sich die Haushalte, doch bedenken Sie: Entlassungen sind die Folge, die Arbeitslosigkeit steigt. Der Vorteil einer Deflation ist also relativ.

Staatliche Institutionen bzw. Staat

Wie wir gesehen haben, umfasst der Begriff „Staat" sämtliche öffentlich-rechtlichen Gebietskörperschaften, von der Gemeinde bis zum Bund. Der grundsätzliche Unterschied zwischen privaten Haushalten, Unternehmen und dem Staat besteht darin, dass sich der Staat die Einnahmen beschaffen kann, die er benötigt – nämlich durch Steuern.

Beispiel

Im Staatshaushalt werden Einnahmen geplant, um die Staatsausgaben zu bezahlen. Ergibt sich eine Finanzierungslücke, wird der Staat versuchen, die fehlenden Einnahmen durch Steuererhöhungen auszugleichen. Dies geschieht beispielsweise durch eine Erhöhung der Mehrwertsteuer.

Steuern sichern das Überleben des Staates

Der Staat gewährleistet seine Einnahmen vorwiegend durch Steuereinnahmen und sonstige Abgaben wie Beiträge, Gebühren und steuerliche Nebenleistungen.

Steuern unterteilt man grundsätzlich wie folgt:

- direkte Steuern. Hier sind Steuerschuldner und Steuerträger identisch.

    Beispiel
    Zu den direkten Steuern zählen Einkommen-, Körperschaft-, private Kraftfahrzeug- und Erbschaftsteuer.

- indirekte Steuern. Steuerschuldner und Steuerträger sind nicht identisch.

    Beispiel
    Zu den indirekten Steuern gehört die Mehrwertsteuer: Das Unternehmen muss die Mehrwertsteuer ans Finanzamt abführen, der Endverbraucher trägt die Steuerlast. Weitere Beispiele sind Mineralöl-, Tabak- und Biersteuer.

Folgende Steuerarten zählen, geordnet nach ihrer Höhe, zu den wichtigsten:

1 Lohnsteuer

2 Umsatz- bzw. Mehrwertsteuer

3 Mineralölsteuer

4 Gewerbesteuer

5 Körperschaftsteuer

Am Ende der Hierarchie steht die Schankerlaubnissteuer.

Die Steuern spielen in der Politik eine immer größere Rolle. Völlig unabhängig davon, wer die Regierungsverantwortung in den letzten Jahren inne hatte: Übersichtlichkeit und Verständlichkeit des deutschen Steuerrechts wurden leider nicht besser. Im Gegenteil: Selbst Steuerexperten kennen sich im Steuerrecht immer weniger aus bzw. müssen sich spezialisieren.

Nicht nur für Sie als Privathaushalt und Leser des Wirtschaftsteils einer Zeitung hat das unmittelbare Folgen. Auch für die Politiker ist das Steuerrecht ein sehr schwieriger Aufgabenbereich. Immerhin müssen sie die ökonomischen Folgen neuer Regelungen realistisch einschätzen.

Weitere Aufgaben des Staates

Der Staat ist nicht nur als Steuern erhebende Institution im Kreislauf aktiv. Auch als Auftraggeber hat er darin eine wichtige Funktion. Außerdem zahlt er seinen Mitarbeitern, den Beamten und den Angestellten des öffentlichen Dienstes, Einkommen. Dazu kommen die Transferzahlungen – also Einkommensübertragungen ohne Gegenleistung – zur Unterstützung vorwiegend privater Haushalte und für Subventionen.

Beispiele
Eine typische Transferzahlung ist die Sozialhilfe. Zu den Subventionen gehören Zahlungen an die Landwirtschaft oder die Wirtschaftsförderung in den neuen Bundesländern. Steuervergünstigungen für Unternehmen fallen ebenfalls darunter.

Das Auf und Ab der Konjunktur

Man unterscheidet folgende Konjunkturphasen, die sich im Zeitablauf wellenförmig bewegen:

- Erholung oder Aufschwung. Wachsende Auftragslage, sinkende Arbeitslosigkeit und viel Optimismus kennzeichnen diese Phase.

- Boom. Hier haben wir eine geringe Arbeitslosigkeit und relativ hohe Preise.

- Oberer Wendepunkt als Höhepunkt der Konjunktur. Die Arbeitslosigkeit ist noch gering.

- Rezession oder Abschwung. Die Arbeitslosigkeit nimmt zu.

- Unterer Wendepunkt als Talsohle. Jetzt ist die Arbeitslosigkeit hoch, die Stimmungslage in der Regel pessimistisch.

So sieht der Konjunkturablauf in der Übersicht aus:

Konjunkturablauf

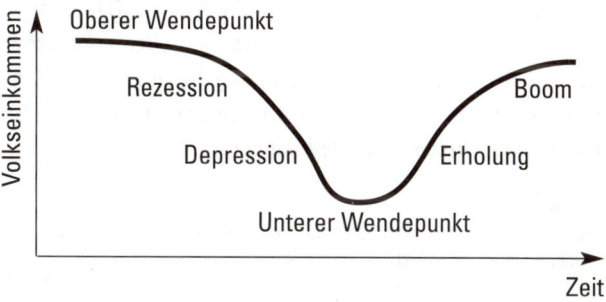

- *Nicht nur die Investitionen zeigen, wie sich eine Volkswirtschaft entwickelt: Auch die Stimmung ist ein wichtiger Motivator für den wirtschaftlichen Aufschwung.*

Womit befassen sich Mikro- und Makroökonomie?

Die Volkswirtschaftslehre unterscheidet zwei Konzepte:

- Mikroökonomie
- Makroökonomie

Was diese beiden Begriffe meinen und welche Bedeutung sie für Sie als Leser des Wirtschaftsteils haben, erfahren Sie im Folgenden.

Die Mikroökonomie hat den Blick fürs Detail

Die Mikroökonomie untersucht die Koordination der einzelnen Pläne der am Wirtschaftsleben Beteiligten. Dabei nimmt sie an, dass diese Pläne nicht zentral von oben vorgegeben, sondern dezentral erstellt wurden. Es geht also in erster Linie nicht um gesamte Verhaltensstrukturen, sondern um die Betrachtung einzelner Marktteilnehmer.

Beispiel
Die Mikroökonomie befasst sich mit Betrieben, den Haushalten und dem Mechanismus des Markts.

Im Wirtschaftsteil stoßen Sie immer wieder auf mikroökonomische Betrachtungen wirtschaftlicher Sachverhalte.

Beispiel
Wie verhält sich ein Haushalt bei der Erhöhung der Mineralölsteuer in seinem Nachfrageverhalten? Wie beeinflusst die Ökosteuer ein kleines

Handwerksunternehmen in der Kostenstruktur und wie gibt das Unternehmen diese Kosten im Preis weiter?

Im Folgenden einige Beispiele für die Betätigungsfelder der Mikroökonomie.

Konsum und Produktion

Beim Konsum – so lautet eine Theorie – bringt jede zusätzliche Menge dem Menschen hinsichtlich ihres Nutzens weniger als die vorige Mengeneinheit. Dies erklärt, warum Märkte irgendwann „gesättigt" sind und die Menschen nicht unendlich konsumieren.

Beispiel
Inzwischen ist der Markt für Mobiltelefone in Deutschland weitgehend gesättigt, da die Mehrheit der Haushalte bereits ein Mobiltelefon hat. Das Bedürfnis der Haushalte, ein zweites oder gar drittes Gerät anzuschaffen, wird immer geringer.

Hinsichtlich der Produktion als Kombination verschiedener Produktionsfaktoren – wie z. B. Arbeit, Boden und Kapital – will das Unternehmen den maximalen Gewinn erzielen unter der Nebenbedingung, dass die Kosten minimal sind.

Preisbildung

Die Mikroökonomie beschäftigt sich auch mit der Bildung der Preise bei den unterschiedlichen Formen von Märkten. Dieser Bereich ist für Sie als Leser des Wirtschaftsteils ebenfalls relevant.

Nehmen wir als Beispiel die Benzinpreise. Sie stiegen in der letzten Zeit stark. Aus den Wirtschaftsseiten wollen Sie nicht nur erfahren, wie teuer Benzin im Moment ist, sondern objektiv über die tatsächliche Ursache für die Erhöhung informiert werden. Liegt es an

- den wenigen Anbietern auf dem Markt, also den Angebotsoligopolisten?
- der Politik, die Haushaltslücken ausgleichen will?
- dem Verhalten einzelner Länder, die die Rohölbestände aufkaufen?

Verteilung

Auch mit der Verteilung der Güter befasst sich die Mikroökonomie. Ein Beispiel ist das Einkommen. An der Herstellung sind die Faktoren Arbeit und Kapital wesentlich beteiligt. Ihre ökonomische Verteilung ist entsprechend von Bedeutung. Dabei spielt nicht nur die Höhe der einzelnen Einkommen eine Rolle (personelle Verteilung), sondern auch die Verteilung auf die einzelnen Produktionsfaktoren (funktionelle Verteilung).

Bei der Mikroökonomie steht die individuelle Disposition im Vordergrund. So fragt sie beispielsweise, wie viel ein privater Haushalt von seinem Einkommen bei gegebenen Preisen im Markt für bestimmte zur Verfügung stehende Güter ausgibt.

Die Makroökonomie kümmert sich ums große Ganze

Die Makroökonomie beschäftigt sich nicht mit einzelwirtschaftlichen Entscheidungen, sondern mit gesamtwirtschaftlichen Tatbeständen. Für Sie als Leser des Wirtschaftsteils ist sie besonders wichtig, weil sie Ihnen hilft, die größeren Zusammenhänge zu verstehen.

Beispiel
In der Makroökonomie wird die Frage gestellt, von welchen konkreten Einflussfaktoren in der Wirtschaft die gesamtwirtschaftliche Nachfrage nach Investitionsgütern abhängt. Interessant ist für sie auch, wovon die gesamtwirtschaftliche Konsumnachfrage bestimmt wird.

Neben diesen Aspekten spielt die Beschäftigungssituation eine immer wichtigere Rolle. Hier versucht die Makroökonomie ebenfalls Lösungshilfen zu bieten.

Beispiel
Unter welchen Voraussetzungen kann man überhaupt von einer vollbeschäftigten Wirtschaft sprechen?

Total- und Partialbetrachtung

Im Wirtschaftsteil stoßen Sie immer wieder auf zwei Arten von ökonomischen Analysen:

- Die Partialanalyse betrachtet nur einen Teilbaustein des ganzen Systems. Wie zum Beispiel reagiert der Sektor der Produktionsunternehmen bei Zinssenkungen?

■ Die Totalanalyse betrachtet den Gesamtzusammenhang.
   Wie reagiert die gesamte Volkswirtschaft bei Zinssenkungen?

Beachten Sie aber, dass sich die Ergebnisse von Total- und
Partialanalyse insgesamt nicht immer decken. Geht die Totalanalyse z. B. davon aus, dass bei Zinssenkungen die Nachfrage steigt und die Investitionen zunehmen, mag eine Partialanalyse zu anderen Ergebnissen kommen: Einzelne Haushalte
oder Unternehmen können nicht mehr konsumieren oder investieren, weil sie keine finanziellen Reserven oder keine
Sicherheiten zur Absicherung von Bankkrediten haben.

Dynamik und Statik

In der Ökonomie ist es von enormer Bedeutung, aus welcher
Sicht man die wirtschaftliche Realität beurteilt. Hier gibt es
zwei Möglichkeiten:

■ Man spricht von einer dynamischen Sichtweise, wenn
   nicht nur die Daten aus der gleichen Wirtschaftsperiode als
   isolierte Werte betrachtet werden, sondern auch Impulse
   aus den Vorperioden in die Interpretation der Werte des
   laufenden Jahres einbezogen werden.

Beispiel

Bei einem Regierungswechsel wirft die neue Regierung der alten vor,
sie müsse nun erst einmal Altlasten aufarbeiten. Dies bedeutet, dass
Fehler aus alten Wirtschaftsperioden in die aktuelle Periode ein-
fließen. Zu denken wäre hier an Steuerentlastungseffekte aus den Vor-
jahren, die sich im laufenden Jahr durch niedrigere Staatseinnahmen
auswirken.

■ Die Statik sieht nur die Daten eines Wirtschaftsjahrs bzw. eines Zeitpunkts.

Beispiel

Die Steigerung der Unternehmensgewinne in der Mineralölbranche im Wirtschaftsjahr X ist das Ergebnis der hohen Nachfrage nach Mineralöl im Jahr Y. Vorperioden bleiben unberücksichtigt oder werden vernachlässigt.

■ *Daran erkennen Sie, wie sehr Sie als Leser des Wirtschaftsteils Manipulationen oder einseitigen Interpretationen ausgeliefert sind, wenn Sie sich mit der Materie nicht einigermaßen auskennen! Im Hinblick auf Dynamik und Statik ist es wichtig, dass Sie auch mehrperiodige Einflussfaktoren in die Bewertung einbeziehen.* ■

Flow- und Stockgrößen

Die Makroökonomie unterscheidet zwei weitere Begriffe, die im Wirtschaftsteil häufig verwendet werden: die Flowgrößen (auch Stromgrößen) und die Stockgrößen (auch Bestandsgrößen).

■ Flowgrößen beziehen sich auf eine ganze Periode. Ein Beispiel: die gesamten Umsatzerlöse des Unternehmens X im Wirtschaftsjahr 2001.

■ Stockgrößen berücksichtigen den Faktor Zeit nicht, sondern sind eine reine Momentaufnahme. Eine Stockgröße wäre etwa der Bestand der Forderungen aus Lieferungen und Leistungen zum Ende des Wirtschaftsjahres in der Bilanz (= Gesamtbetrag aller noch offen stehenden Rechnungen zum Zeitpunkt 31.12.).

Die Aufgaben der Wirtschaftspolitik

Einer der interessantesten und zugleich komplexesten ökonomischen Bereiche ist die Wirtschaftspolitik, denn hier zeigen sich die Ziele einer Volkswirtschaft. Die gesellschaftlichen Werte werden darin ebenso deutlich wie die Rahmenbedingungen für den Einzelnen, so zu wirtschaften und zu disponieren, dass der Nutzen für alle am höchsten wird.

Das Stabilitätsgesetz vom 8.6.1967 (Gesetz zur Förderung der Stabilität und des Wachstums der Wirtschaft) fordert von Bund, Ländern und Gemeinden, dass diese alle politischen Überlegungen und Aktivitäten in Finanz- und Wirtschaftspolitik an den Grundsätzen eines gesamtwirtschaftlichen Gleichgewichts orientieren.

Die marktwirtschaftliche Ordnung basiert auf Freiheit

Nicht zufällig sind marktwirtschaftlich organisierte Gesellschaften – trotz vieler Nachteile und Kritikpunkte – gesamtökonomisch sehr erfolgreich und leistungsfähig. Die Teilnehmer am Wirtschaftsleben können ihre ökonomischen Aktivitäten unter der Beachtung von Regeln grundsätzlich spontan umsetzen.

■ *Die Freiheit einer Gesellschaft zeigt sich auch in ihrer Wirtschaftspolitik.* ■

Sie sind nicht an dirigistische Anweisungen und unflexible Vorgaben einer Zentralverwaltungswirtschaft gebunden. Die Freiheit des Handelns ist gegeben, die Umsetzung von Ideen und die flexible Bedürfnisbefriedigung werden mit einer hohen Anpassungselastizität umgesetzt.

Die Wirtschaftspolitik hat hohe Ziele

Hauptziel der Wirtschaftspolitik ist es, die Funktionstüchtigkeit der Wirtschaft zu erhalten und so zu verbessern, dass alle Menschen ein ökonomisches Optimum erreichen. Dabei müssen allerdings die Rahmendaten berücksichtigt werden. Das gesamtwirtschaftliche Gleichgewicht ist das Basisziel.

Dabei verfolgt die Wirtschaftspolitik folgende kurzfristige Ziele:

- Vollbeschäftigung
- stabiles Preisniveau
- außenwirtschaftliches Gleichgewicht mit geringen Import- oder Exportüberschüssen
- angemessenes, stetiges Wirtschaftswachstum
- Schutz der Umwelt
- gerechte Verteilung von Einkommen und Vermögen

Alle diese Ziele zu erreichen ist so gut wie unmöglich, weil sie einander oft ausschließen.

Beispiel

Das Ziel angemessenes Wirtschaftswachstum ist mit dem Ziel Preisstabilität nur schwer vereinbar. Ähnlich verhält es sich mit den Zielen Wirtschaftswachstum bzw. Vollbeschäftigung und außenwirtschaftliches Gleichgewicht, wenn ein hoher Exportanteil gegeben ist.

Die Wirtschaftspolitik muss Prioritäten setzen

Da sich nicht alle Ziele gleichzeitig realisieren lassen, konzentriert sich die Wirtschaftspolitik auf die drei wesentlichen Ziele, das so genannte „magische Dreieck":

- Vollbeschäftigung
- stabiles Preisniveau
- außenwirtschaftliches Gleichgewicht

Ergänzt man das magische Dreieck um das langfristige Ziel angemessenes, stetiges Wirtschaftswachstum, spricht man folgerichtig vom „magischen Viereck". Die Ziele müssen langfristig erreicht werden.

Die Politik hat die schwere Aufgabe, die vielen Ziele möglichst so zu verfolgen, dass zwischen den einzelnen ein hohes Maß an Harmonie gegeben ist. Als Leser des Wirtschaftsteils haben Sie die Aufgabe, Präferenzen bei der Verfolgung der Ziele zu erkennen und sich der Komplexität der Realität bewusst zu werden.

■ *Die Umsetzung wirtschaftspolitischer Maßnahmen erfordert viel Fingerspitzengefühl und eine fundierte ökonomische Qualifikation.* ■

Was bedeutet Globalisierung für die Unternehmen?

Der Globalisierung kommt immer mehr Bedeutung zu. Täglich findet sich dieser Begriff in allen Arten von Zeitungen und Zeitschriften. Die Globalisierung gilt für alle Unternehmen als Weg der Zukunft.

Im Zentrum steht die internationale Globalisierung

Globalisierung im Fall von Unternehmen ist beinahe gleich bedeutend mit der internationalen Ausrichtung der Aktivitäten der Konzerne. Ziel kann einerseits die Ausdehnung des Marktengagements sein. Andererseits bedeutet Globalisierung in den meisten Fällen aber auch, dass die Unternehmen ihre Fixkosten abbauen wollen.

Beispiel

Zwei große internationale Unternehmen aus der Automobilindustrie schließen sich zusammen. Ein Grund für die Fusion liegt darin, dass die technischen und vertrieblichen Strukturen beider Unternehmen genutzt werden sollen. Ziel ist aber auch, die weltweite Verwaltung des Unternehmens effizienter und damit „schlanker" zu gestalten.

Vor allem die in Deutschland recht hohen Produktionskosten veranlassen viele – auch kleinere – Unternehmen, die Produktion auszugliedern. Denn trotz der Transportkosten ist es oft wesentlich kostengünstiger im Ausland zu produzieren als in Deutschland. Und so kommt es, dass deutsche Unternehmen auch Standorte in den so genannten „Billiglohnländern" haben.

Beispiel
Die Produktion wird nach Osteuropa ausgegliedert, Verwaltung und Vertrieb bleiben in Deutschland.

In den meisten Fällen gehen mit der internationalen Globalisierung Umstrukturierung und Personalentlassungen einher, insbesondere in den Unternehmensbereichen Verwaltung und Vertrieb.

Regionale Globalisierung

Think global, act local

Unter Globalisierung versteht man jedoch nicht nur die internationale Ausweitung der Unternehmensaktivitäten, um weltweite Ressourcen zu optimieren und erfolgreich im Weltmarkt zu bestehen.

Globalisierung beginnt bereits im kleinsten Unternehmen „um die Ecke". Im Marketing gilt: *Think global, act local.* Das bedeutet: Unternehmen sollen global denken, ihre Aktivitäten jedoch auf eine lokale Präsenz beschränken. Überträgt man diese Regel auf die Globalisierung, heißt das: Die global ausgerichtete Philosophie des Unternehmens ist entscheidend, nicht unbedingt seine internationalen Aktivitäten.

Beispiel

Eine Metzgerei in einem kleinen Ort kann es sich heute kaum noch erlauben, die Verkaufsaktivitäten auf die Wurst- und Fleischtheke des Geschäfts zu beschränken. Das genügte vor 30 Jahren, heute wird man damit langfristig keinen Erfolg mehr haben. Die Metzgerei sollte vielmehr „global" denken und zusätzlich einen Partyservice anbieten, an Firmen liefern, Veranstaltungen kulinarisch betreuen. Auch der Aufbau eines kleinen Filialnetzes, um möglichst viel vom regionalen Markt abzudecken, ist denkbar.

Globalisierung bedeutet für die Unternehmen heute, über den eigenen Horizont hinauszuschauen und sich Gedanken darüber zu machen, welche regionalen und internationalen Aktivitäten Nutzen und zusätzliche Gewinnpotenziale bringen.

Die Globalisierung hat nicht nur positive Seiten

Die wichtigsten Vorteile der Globalisierung für ein Unternehmen liegen auf der Hand:

- Die Marktanteile werden gesichert, neue Märkte erschlossen.
- Das Unternehmen wirtschaftet effizienter.
- Kostendifferenzen können genutzt werden.

Auf der anderen Seite sei auch der größte Nachteil der Globalisierung nicht verschwiegen: Stellen werden abgebaut, wenn Unternehmen ins Ausland abwandern. Das wiederum wirkt sich in sinkender Nachfrage und einem Kaufkraftrückgang aus.

Die Rolle der Banken

Dreh- und Angelpunkt von Wirtschaftsleben und Geldkreislauf sind die Banken. Entsprechend umfangreich ist die Berichterstattung im Wirtschaftsteil der Zeitung. Grund genug also, dass Sie sich an dieser Stelle genauer mit den Banken befassen.

Übrigens: Die begriffliche Gleichsetzung von Bank mit Kreditinstitut ist nicht ganz korrekt, da auch Sparkassen zu den Kreditinstituten zählen. Doch der Einfachheit halber wollen wir im Folgenden den Begriff „Bank" als Synonym für „Kreditinstitut" verwenden.

Die Europäische Zentralbank

Die EZB hat ähnliche Aufgaben wie die Deutsche Bundesbank, nur für die ganze Europäische Union. Ihre „Filialen" sind die einzelnen Zentralbanken der Mitgliedsstaaten der EU.

Zu den wichtigsten Aufgaben der EZB gehört die Steuerung der Geldmenge. Dies geschieht einmal durch so genannte Offenmarktgeschäfte, bei denen Wertpapiere am offenen Markt gekauft und verkauft werden. Außerdem überwacht sie die Mindestreservesätze, also die Mindestreserven, welche die Banken zu halten haben.

Die Leitzinsen

Die Leitzinsen werden wie folgt unterschieden:

- Lombardsatz als Satz für Lombardkredite, die die Deutsche Bundesbank verlangt. Die Grundlage bildet die Beleihung von Wertpapieren.

- Diskontsatz als Zins, den die Deutsche Bundesbank den Banken beim Wechselankauf berechnet.

- Pensionsgeschäfte für Wertpapierpensionsgeschäfte mit dem Zinssatz, zu welchem Banken Kredite gegen Verpfändung von Wertpapieren erhalten.

Eine Zinserhöhung bedeutet grundsätzlich, dass die Nachfrage nach Investitionskrediten rückläufig sein wird, da sich die Kredite verteuern. Nicht nur die Unternehmen reduzieren die Kreditnachfrage, weil die Zinsen die Kosten erhöhen. Auch die privaten Haushalte werden deshalb weniger neue Kredite aufnehmen und die Konsumausgaben entsprechend senken.

Durch die Zinsveränderungen werden aber nicht nur die Kredite teurer, auch das Interesse der Anleger an Zinspapieren nimmt zu. Die Folge können Aktienverkäufe sein, was wiederum einen Kursverfall von Dividendenpapieren bedeutet.

Die Aufgaben der Banken im Geldkreislauf

Kreditinstitute müssen im Sinne einer funktionierenden Wirtschaft folgende Aufgaben erfüllen:

- Vergabe und Vermittlung von Darlehen in Form von Krediten,
- Vergabe und Vermittlung von Zahlungen zwischen den Marktteilnehmern.

Allein daran erkennen Sie schon, dass die Banken unmittelbar am Geldkreislauf beteiligt sind, der die Geldströme zwischen den am Wirtschaftsleben Beteiligten abbildet.

Zur Vermittlungstätigkeit der Kreditinstitute gehört auch das Wertpapiergeschäft, das sie häufig für ihre Kunden abwickeln. Gerade an diesem immer komplizierter werdenden Beratungsbereich zeigt sich, dass Kreditinstitute zu den klassischen Dienstleistungsunternehmen zählen.

Auf der anderen Seite begleiten Banken Unternehmen beim Gang an die Börse – dem so genannten Going-Public. Man spricht dann von einer (oder auch mehreren) Konsortialbank.

Privat- und Firmenkunden

Wenn es um die Aufgaben und Tätigkeiten der Banken geht, stoßen Sie im Wirtschaftsteil der Zeitung häufig auf folgende Unterscheidung:

1 Privatkundengeschäft

2 Firmenkundengeschäft für Unternehmen bzw. Firmen

Beispiel

Zum Privatkundengeschäft gehören z. B. private Geldanlagen und Kredite für die Finanzierung des Einfamilienhauses zu privaten Wohnzwecken. Wechselgeschäfte mit Unternehmen oder die Unternehmensfinanzierung sind typische Firmenkundengeschäfte.

Das Kreditwesengesetz hat strenge Richtlinien erlassen

Was Banken tun sollen und dürfen, legt das Kreditwesengesetz fest. Die darin enthaltenen Paragrafen sollen nicht nur einen funktionierenden Kredit- und Zahlungsverkehr garantieren, sondern auch die Kunden schützen.

Folgende Tätigkeitsbereiche sieht das Gesetz für die Banken vor:

- Girogeschäft: Erledigung des Zahlungsverkehrs (bargeldlos, z. B. Überweisungen von Rechnungsbeträgen)

- Kreditgeschäft: Gewährung von Geld- und Akzeptkrediten (Wechselkrediten)

- Effektengeschäft: Kauf und Verkauf von Wertpapieren für Dritte

- Depotgeschäft: Verwaltung und Verwahrung von Wertpapieren für Dritte

- Einlagengeschäft: Annahme von fremden Geldern zum Zweck der Einlage wie Sparbriefe etc.

- Investmentgeschäft im Rahmen von Kapitalanlagegesellschaften

- Verpflichtungen, Darlehensforderungen vor Fälligkeit zu erwerben, um den verkaufenden Unternehmen Liquidität zu geben

- Diskontgeschäft: Ankauf von Schecks und Wechseln

- Garantiegeschäft: Übernahme von Garantien, Bürgschaften und Gewährleistungen für Dritte, etwa bei Immobilieninvestitionen für Bauträger

Eigen- und Fremdgeschäfte

Grundsätzlich kann man die Aktivitäten von Banken den beiden folgenden Arten von Geschäften zuordnen:

- **Eigengeschäfte:** Das sind Geschäfte der Banken mit Fremden im eigenen Namen und auf eigene Rechnung (z. B. Wertpapiergeschäfte).
- **Fremdgeschäfte:** Das sind Geschäfte der Banken mit den Kunden als „Fremden", entweder im Namen der Kunden oder im eigenen Namen.

Banken haben heute mehr Aufgaben als früher

Im Vergleich zur Situation vor ein paar Jahren haben Banken inzwischen wesentlich mehr Aufgaben und Betätigungsfelder. Sie verstehen sich als Komplett-Finanzdienstleister in allen Fragen des Geldes. Die Globalisierung hat dafür einen Impuls gegeben; zusätzlich verstärkt wird diese Entwicklung durch den Druck der Konkurrenz, die immer mehr Leistungen und Finanzprodukte in die Angebotspalette aufnimmt.

Beispiel
Banken bieten immer öfter auch Versicherungen, Bausspargeschäfte und Immobiliengeschäfte an.

Wie beurteilt man eine Bank?

Ähnlich wie bei einem Unternehmen ist es eine sehr komplexe Aufgabe, die Leistungsfähigkeit einer Bank zu beurteilen.

Möglich ist es aber. Natürlich spielt auch hier die Objektivität eine große Rolle.

Die folgende Checkliste soll Ihnen helfen, anhand der beiden Bereiche Privatkunden- und Firmenkundengeschäft eine fundierte Bewertung durchzuführen.

Checkliste: Nach diesen Kriterien sollten Sie eine Bank beurteilen

Leistungsbereich Bank	Prüfkriterium Leistung	✓
I. Privatkundengeschäft		
Anlageberatung:	Erhalten Sie eine persönliche Beratung und fundierte Erklärungen der einzelnen Anlageformen im Hinblick auf die Steuer?	
	Verfügt der Anlageberater über hervorragende Marktkenntnisse? Trifft das auch bei speziellen Anlageformen zu, die die Bank selbst nicht anbietet (Hintergrundwissen)?	
	Ist die Beratung auf Ihre individuelle Risikobereitschaft und Ihre Einkommens- und Vermögenssituation abgestellt?	

Privatkredite:	Werden Ihre finanzielle Leistungsfähigkeit und die zukünftige Sicherheit der Einkünfte einkalkuliert?	
	Wird bei der Finanzierung auf eine steuerliche Optimierung geachtet? Kooperiert der Bankberater mit Ihrem Steuerberater?	
	Sind die Konditionen fair und wird auf Flexibilität geachtet?	
II. Firmenkundengeschäft		
Anlageberatung:	Kommt die Bank von sich aus auf Ihr Unternehmen zu, wenn auf dem Konto für eine längere Zeit höhere Geldbeträge unverzinst bzw. zu gering verzinst liegen?	
Kreditgeschäft:	Reagiert die Firmenkundenabteilung auf die Auswertungen, die Ihr Unternehmen regelmäßig liefert?	
	Verfügt der Berater über Erfahrungen in der entsprechenden Branche (Beurteilungskompetenz bei Kreditrisiko)?	
	Kennt die Bank den Markt bzw. die speziellen Vertriebsstrategien?	
	Welche Konditionen sind für das Unternehmen optimal (auch steuerlich)?	

Diese Checkliste dient als Orientierung, ist aber selbstverständlich kein vollkommenes und unfehlbares Instrument. Es gibt zu viele unterschiedliche Kriterien, ein Kreditinstitut zu beurteilen, als dass sie darin alle aufgeführt werden könnten.

Nicht nur die persönlichen Erfahrungen spielen eine wichtige Rolle, sondern auch Empfehlungen von zufriedenen oder unzufriedenen Kunden. Im Übrigen wissen die Banken eine zuverlässige Zusammenarbeit zu schätzen und zeigen in vielen Fällen auch Entgegenkommen.

Wer verbirgt sich hinter Weltbank und IWF?

Immer wieder finden sich in Zeitungen Meldungen über die Aktivitäten des IWF und der Weltbank.

Beispiel

So meldete etwa die Süddeutsche Zeitung Online am 2.7.2001:
„Der Internationale Währungsfonds (IWF) hat eine für Dienstag geplante Überprüfung des wirtschaftlichen Fortschritts in der Türkei verschoben. Das Land habe vor allem im Bankensektor noch nicht genügend Reformen umgesetzt, hieß es in einem Statement des Fonds in Washington. Die Verschiebung bedeutet, dass die Türkei länger auf 1,562 Milliarden Dollar als Teil eines Hilfsprogramms des IWF über zusammen 15,7 Milliarden Dollar warten muss. (…) Der IWF hatte die Gewährung der Gelder für die Türkei an eine ganze Reihe von Reformbedingungen geknüpft, nachdem frühere Programme des Fonds für das Land am Bosporus an zu schleppenden Reformen gescheitert waren."

Wer verbirgt sich hinter diesen Organisationen, die über die Vergabe solch hoher Summen bestimmen können und dies auch an politische Bedingungen knüpfen?

Die Weltbank, oder genauer: *Internationale Bank für Wiederaufbau und Entwicklung* mit Sitz in Washington wurde 1944 zusammen mit dem Internationalen Währungsfonds (IWF) als multilaterale Institution gegründet. Beide sind den Vereinten Nationen angegliederte Sonderorganisationen. Sie sind nicht nur organisatorisch, sondern auch entscheidungspolitisch so eng miteinander verknüpft, dass sie fast als identisch gelten können. Wenn ein Land in den Genuss von Krediten kommen will, muss es dem IWF beitreten. Heute gehören dem IWF und der Weltbank über 180 Mitgliedsstaaten an.

Die Weltbank vergibt langfristige, projektbezogene Darlehen an ihre Mitgliedsländer bzw. deren staatliche Institutionen, Unternehmen und Organisationen, die günstiger sind als auf dem Kapitalmarkt erhältliche Kredite. Allerdings muss das Mitgliedsland für seine Schulden bürgen. Die so genannten Schwellenländer (die sich im Übergang vom Entwicklungs- zum Industrieland befinden), vor allem aber die Entwicklungsländer, stehen bei der Weltbank – und nicht nur dort – mit hohen Summen in der Kreide.

Ein Kritikpunkt am IWF, der vor allem von vielen Nicht-Regierungsorganisationen bemängelt wird: Der IWF wird von den westlichen, reichen Länder dominiert. Denn das Stimmrecht in Entscheidungsgremien ist nach dem Kapitalanteil, den die jeweiligen Länder im IWF haben, gewichtet. Die fünf Staaten mit dem größten Anteil sind die USA mit rund 17 %, es folgen Japan, Deutschland, Frankreich und Großbritannien (alle unter 10 %).

Ende des Jahres 2000 haben 22 der ärmsten Länder der Welt vom IWF und der Weltbank eine Zusage über einen geplanten Schuldenerlass erhalten.

Betriebswirtschaftliche Aspekte

Auch mit betriebswirtschaftlichen Fragen setzt sich der Wirtschaftsteil auseinander. Grundkenntnisse in diesem Bereich sind also nützlich. In diesem Kapitel erfahren Sie das Wichtigste über Rechnungswesen und Jahresabschlüsse.

Vor welchen Schwierigkeiten stehen Unternehmen heute?

Nicht zuletzt im Zuge der Globalisierung hat sich der Wettbewerb für alle Unternehmen spürbar verschärft. Lässt man exotische Ideen einmal außen vor, gibt es so gut wie keine Marktlücken mehr, höchstens noch Marktnischen.

Das heißt in der Praxis: Immer mehr Unternehmen verlieren den Kampf ums Überleben. In der Bundesrepublik Deutschland müssen jährlich knapp 35 000 Unternehmen aufgeben. Viele davon werden von Existenzgründern geführt, die sich der Risiken und Marktchancen nicht bewusst waren oder über zu wenig Liquidität verfügten. Wie kommt es zu dieser hohen Anzahl von Konkursen?

Die wichtigsten Ursachen von Insolvenzen

Als Gründe für eine Zahlungsunfähigkeit kommen in Frage:

- Die Kunden zahlen nicht. So entfallen Forderungen aus Lieferungen und Leistungen (Debitorenausfälle).
- Die Zahlungsmoral der Debitoren ist schlecht, sprich, viele Kunden zahlen prinzipiell (zu) spät.
- Das Eigenkapital reicht nicht.
- Es besteht keine Möglichkeit, ausreichend Fremdkapital zu beschaffen, also an Kredite oder Gesellschaftereinlagen zu kommen.
- Die Personalkosten sind zu hoch.

- Kreditlinien werden gestrichen bzw. gesenkt.
- Das Investitionsvolumen ist zu hoch.
- Die Konjunktur entwickelt sich ungünstig.

Forderungsausfälle

In den letzten Jahren haben sich die Probleme mit den Debitoren verschärft. Viele Schuldner gehen schlicht pleite. Das Forderungsmanagement – eine Weiterentwicklung des traditionellen Mahnwesens – steht also vor schwierigen Aufgaben.

Bei der Lösung dieses Dilemmas helfen die in den Debitorenbuchhaltungen eingerichteten Mahnstufen nämlich dann nicht wesentlich, wenn ein Kunde beispielsweise seine Rechnungen einfach nicht mehr bezahlen kann. Deshalb müssen die Unternehmen dafür Sorge tragen, dass sie in solchen Fällen trotzdem zahlungsfähig bleiben. Das ist in vielen Branchen sehr schwer. Vor allem im Business-to-Business-Bereich („B2B" oder Firmengeschäfte) ist es daher auch unabdingbar, die Zahlungsfähigkeit des Kunden-Unternehmens richtig einschätzen zu können.

Schlechte Zahlungsmoral

Fusionen, Mitarbeiterwechsel, Probleme mit dem Online-Banking, fehlende Urlaubsvertretung oder ganz einfach Zinsüberlegungen – oft verzögern sich Zahlungen über Wochen und Monate. Gerade für externe Dienstleister und kleinere Unternehmen kann der Zahlungsverzug des Auftraggebers schnell zu massiven wirtschaftlichen Problemen führen.

Das Eigenkapital reicht nicht

Die in vielen Fällen mangelhafte Eigenkapitalausstattung von Unternehmen kann verhängnisvoll sein. Wenn plötzlich Investitionen notwendig werden, mit denen niemand rechnen konnte, und Fremdkapital außer Reichweite ist, geraten vor allem kleine Unternehmen schnell aus dem Tritt. Außerdem bedeutet fehlendes Eigenkapital oft, dass die Ertragslage des Unternehmens (noch?) unzureichend ist.

■ *Ein Gewinn in Form des Jahresüberschusses eines Wirtschaftsjahres erhöht das bisherige Eigenkapital des Unternehmens in dieser Höhe. Ein Jahresfehlbetrag dagegen vermindert das vorhandene Eigenkapital des Unternehmens entsprechend.* ■

Es besteht keine Möglichkeit, ausreichend Fremdkapital zu beschaffen

Die externe Finanzierung (Kapitalmarkt, Banken, Lieferanten, verbundene Unternehmen) in Form von Darlehen gestaltet sich in den letzten Jahren für viele Unternehmen schwierig. Der Hauptgrund: Immer mehr Darlehensgeber haben die Sorge, dass die Rückzahlung ausbleibt und die Forderung später uneinbringlich ist. Kein Wunder, haben doch Fälle wie der Schneider-Skandal viele Kreditgeber aufgeschreckt.

Beispiel

Die Banken wollen für die Vergabe von Bankdarlehen an Firmenkunden fast immer Sicherheiten haben. Die Objekte werden beliehen, fehlende Sicherheiten müssen oft über private Absicherungen ausgeglichen werden. Dies gilt auch für Kapitalgesellschaften wie eine GmbH. Ohne Sicherheiten – oft durch Privatvermögen – erhalten auch diese Unternehmen in der Regel kein Geld von den Kreditinstituten.

Die Personalkosten sind zu hoch

Bei der ökonomischen Analyse von Unternehmen ein sehr sensibler Punkt: die Personalkosten. Denn damit hängen Arbeitsplätze und Familienexistenzen zusammen.

Die in aller Regel fixen Personalkosten sind neben den Materialkosten der Hauptkostenfaktor für die Unternehmen. In Deutschland sind diese Kosten – im Vergleich zu vielen anderen Ländern – relativ hoch. Dies macht es bei einer Kalkulation oft schwierig, konkurrenzfähige Angebote zu unterbreiten und Deckungsbeiträge zu erzielen.

Kreditlinien werden gestrichen bzw. gesenkt

Eine Kreditlinie zeigt die Höhe des Betrages an, über den ein Unternehmen frei verfügen kann. Bei privaten Haushalten, aber auch bei Unternehmen wird sie auch Dispo(sitions)rahmen bzw. Kontokorrentlinie genannt.

Viele Unternehmen halten sich nicht an die mit den Kreditgebern (im Regelfall Banken) abgemachten Vereinbarungen.

Beispiel

Ein Unternehmen hat eine Kreditlinie über 250 000 €. Einige Jahre hält sich das Unternehmen an diesen vereinbarten Rahmen, dann wird das Konto auf 280 000 € überzogen. Der Hausbank verspricht man, diese „einmalige" Überziehung baldmöglichst zurückzufahren. Dann stehen aber Löhne und Gehälter über 25 000 € zur Auszahlung an. Die Bank bezahlt sie, obwohl die Kreditlinie überschritten wurde.

Die Kontokorrente werden über Jahre hinweg wie Darlehen geführt. Viele Unternehmen können das ursprünglich vereinbarte Limit irgendwann nicht mehr erreichen. Die Spannungen zwischen Bank und Unternehmen nehmen zu und dies führt letztendlich oft dazu, dass die Banken die Kreditlinien senken oder im schlimmsten Fall ganz streichen.

Das Investitionsvolumen ist zu hoch

Das Investitionsvolumen bindet Kapital längerfristig im Vermögen. Das Vermögen wird aber nur zu einem Teil in Liquidität bzw. Geldmittel angelegt, der Hauptposten geht sicherlich in das Anlagevermögen, das dem Unternehmen langfristig zur Leistungserstellung dient, und in den Vorratsbestand.

Wenn sich diese Investitionen allerdings nicht rechnen, also keine Einnahmen in entsprechendem Maß zurückfließen, treten irgendwann Schwierigkeiten auf. Zins und Tilgung sind fällig, sofern die Investitionen mit Fremdkapital finanziert sind, was heute die Regel ist.

Die Konjunktur entwickelt sich ungünstig

Auch eine schlechte Konjunktur kann ein Unternehmen in die Pleite bringen. Wirtschaftliche Rahmendaten und die allgemeine Stimmung haben für die Auftragslage eines Unternehmens eine enorme Bedeutung. Wenn die Nachfrage sinkt, die Menschen mehr sparen und insgesamt eine pessimistische Grundeinstellung überwiegt, steigt die Erlöskurve der Unternehmen nicht mehr.

Konzentrationen – das Schreckgespenst der sozialen Marktwirtschaft?

Im Wirtschaftsteil gibt es fast täglich neue Meldungen über Konzernbildungen und Konzentrationen am Markt – weltweit.

Gründe für Zusammenschlüsse

Die Überlegungen, die für eine Konzentration sprechen, sind vielseitig, ein Ziel haben sie alle: den Unternehmen Vorteile zu bringen, die Ergebnisse zu verbessern.

Die folgenden wesentlichen Aspekte führen zur einer Konzernbildung:

- Sicherung von Wettbewerbsvorteilen gegenüber der Konkurrenz
- Verminderung der Kostenstruktur der Unternehmen, wobei insbesondere die Verwaltungskosten, die Produktionskosten und die Vertriebskosten reduziert werden sollen
- bessere Ausnutzung der regionalen Märkte
- Nutzung der Erfahrung anderer Konzernunternehmen

Folgen

Die Kartellbehörden beobachten die wachsende Konzentration der Unternehmen und damit auch der Märkte zwar mit einer gewissen Sorge. Letztlich setzen sich die Unternehmen mit Zusammenschlüssen und Kooperationsgestaltungen aber immer wieder durch. Dies führt dazu, dass die großen Unternehmen immer größer werden und am Ende auch die Preise im Markt diktieren können. Die kleineren Unternehmen werden es im Wettbewerb immer schwerer haben.

Die zunehmende Konzentration und auch die Globalisierung bieten den Unternehmen große Chancen, die Marktposition zu halten oder zu verbessern. Allerdings führen sie in fast allen Fällen auch zu Personalentlassungen.

Auch Beteiligungen verändern das Unternehmen

Nicht nur die klassischen Übernahmen von Unternehmen spielen eine wichtige Rolle. Auch Beteiligungen an anderen Unternehmen sind wirtschaftlich gesehen bedeutend. Durch neue Beteiligungsverhältnisse wird oft nicht nur die Unternehmenskultur stark beeinflusst. Genauso kann sich die Leistungspalette durch neue Gesellschafter ändern.

Ein wichtiger Faktor: Das Soziosystem des Unternehmens

Ein anderes Problem vieler Unternehmen ist, dass sie ihr Soziosystem nicht kennen oder begreifen. So nennt man das Umfeld, mit dem das Unternehmen täglich konfrontiert ist, zusammenarbeitet und Leistungen austauscht.

Beispiel
Kreditinstitute, Kunden, Lieferanten, Konkurrenten, staatliche Behörden, wie Finanzämter – sie alle sind Teil des Soziosystems eines Unternehmens.

Das Controlling vieler Unternehmen beschränkt sich auf interne Zahlenoptimierungen, vergisst dabei aber, die Kommunikation des Unternehmens mit seinem Soziosystem zu berücksichtigen. Dieses Versäumnis kann das Unternehmen viel Geld kosten.

Beispiel
Sie können sich vorstellen, wie wichtig beispielsweise der regelmäßige Informationsaustausch mit Banken über die Situation des Unternehmens und mögliche Geldanlagen ist.

Die Unternehmen müssen ihr Soziosystem mehr in ihre Entscheidungen einbeziehen. Damit könnten sie großen Problemen vorbauen.

Warum ist das Rechnungswesen eines Unternehmens so wichtig?

Das betriebliche Rechnungswesen ist das Informationsinstrument des Unternehmens schlechthin. Es liefert nicht nur dem Unternehmen, sondern auch Banken, Aktionären, Finanzämtern und Ihnen, den Lesern des Wirtschaftsteils, alle relevanten Zahlenwerte, die zur fundierten Beurteilung des Unternehmens wichtig sind. Darunter fallen nicht nur die Zahlen für den Jahresabschluss, sondern auch Kennzahlen (wie etwa der Cashflow), mit denen laufend Unternehmensbewertungen vorgenommen werden können.

Im Rechnungswesen werden sämtliche Unternehmenszahlen gesammelt und ausgewertet. Die moderne EDV hilft im Rechnungswesen zwar im Rahmen der Zahlenverarbeitung. Doch die Hauptarbeit leisten hoch qualifizierte Fachleute.

Das sind die Bausteine des Rechnungs-wesens

Das betriebliche Rechnungswesen spielt insbesondere bei den in den Zeitungen veröffentlichten Zahlen eine große Rolle. Es hat die folgenden Bausteine:

- Finanzbuchhaltung mit Informationen zu Jahresabschluss des Unternehmens

- Betriebsbuchhaltung oder Kostenrechnung, um die Gewinne aus den einzelnen Aufträgen und Projekten feststellen zu können

- Planungsrechnung, um die zukünftigen Chancen am Markt ermitteln zu können

- Statistik als Mittel der Darstellung von Branchenvergleichen und von Zeitvergleichen

Im Zeitungsausschnitt auf der folgenden Seite zeigt sich, welche Zahlen aus dem Rechnungswesen an die Öffentlichkeit gelangen.

Aus dieser Meldung wird deutlich, dass die Daten aus der Finanzbuchhaltung auch für die Konzernergebnisse sehr wichtig sind. Die Konzernergebnisse wiederum sagen, ob sich das Unternehmen in der Gewinn- oder Verlustzone bewegt, und werden im Zeitalter von Fusionen, Beteiligungen und Übernahmen immer bedeutender. Sie sind aber auch für Anleger und Analysten wichtige Informationen.

Zeitungsbericht über Konzernentwicklung

Mazda wieder mit Verlust

Einbruch im japanischen Markt / 2001 Rückkehr zu Gewinn

Tokio (Reuters) – Japans fünftgrößter Autohersteller Mazda hat im vergangenen Geschäftsjahr 2000/2001 zum erstem Mal seit drei Jahren wieder rote Zahlen geschrieben. Der Konzernverlust betrage 155,24 Milliarden Yen (rund 2,93 Milliarden DM) nach einem Gewinn von 26,16 Milliarden Yen im vorangegangenen Geschäftsjahr, teilte das sich in einer Umstrukturierungsphase befindliche Unternehmen am Freitag in Tokio mit. Die Konzernverluste waren nach einer Gewinnwarnung im April allgemein erwartet worden. Mazda begründete die Entwicklung mit einem Einbruch beim heimischen Autoabsatz sowie mit hohen Pensionsrückstellungen. Im laufenden Geschäftsjahr strebe Mazda aber wieder ein ausgeglichenes Nettoergebnis an, hieß es. Operativ sollen wieder Gewinne erwirtschaftet werden. Die Mazda-Aktie verzeichnete Kursverluste.

Der operative Fehlbetrag des vergangenen Jahres betrug den Angaben zufolge 14,9 Milliarden Yen. Rückläufige Absatzzahlen in Europa und Japan hätten zudem einen Umsatzrückgang von 6,5 Prozent auf 2,02 Billionen Yen verursacht. Für das laufende Geschäftsjahr 2001/02 strebe Mazda nunmehr einen Umsatz von 2,14 Billionen Yen an. Die Investitionen sollen den Angaben zufolge um über 40 Prozent auf 67 Milliarden Yen angehoben werden. Bis 2004/05 plant Mazda, 16 neue Modelle auf dem heimischen Markt einzuführen.

Der hohe Verlust im Geschäftsjahr sei zum Teil auf einmalige Pensionsrückstellungen von 155 Milliarden Yen sowie auf zusätzliche Rückstellungen für einen Frührentenplan zurückzuführen, teilte Mazda weiter mit. Durch Verbuchung der Rückstellungen als Einmalposten – statt verteilt über 15 Jahre – will Mazda aber künftige Ergebnisse von diesen Belastungen freihalten. „Wir finden die Art gut, wie die Firma ihre Kosten reduziert", sagte Lehman Brothers Analyst Shu Nung Lee. Im Vergleich mit dem japanischen DaimlerChrysler-Partner Mitsubishi sei Mazda sehr attraktiv. Der viertgrößte japanische Autohersteller Mitsubishi hatte in der vergangenen Woche nach kostspieligen Rückrufaktionen und Umstrukturierungen seinen bisher größten Verlust bekannt gegeben.

Mazda setzte im vergangenen Geschäftsjahr nach eigenen Angaben mit 334 000 verkauften Fahrzeugen in Japan rund 3,4 Prozent weniger ab als im Vorjahr. Für das laufende Jahr kündigte der Autobauer einen weiteren Absatzrückgang von 9,3 Prozent an. Im Rahmen der Umstrukturierung sollen früheren Angaben zufolge 1800 Arbeitsplätze abgebaut und ein Viertel der Inlandsproduktionsstätten geschlossen werden. Als Folge der Einsparmaßnahmen brachte Mazda bereits weniger neue Modelle auf den Markt und musste im Inland Marktanteile abgeben. Vor zwei Monaten hatte der Autobauer zudem angekündigt, ab 2003 jährlich etwa 40 000 Fahrzeuge in einem Werk des Partners Ford im spanischen Valencia zu fertigen. Der US-Konzern hält eine Minderheits-Kontrollbeteiligung von 33 Prozent und hatte für Mazda ein umfangreiches Sparprogramm aufgelegt.

Die Verluste bei Mazda stehen im starken Kontrast zur wiedererlangten Profitabilität des heimischen Wettbewerbers Nissan Motor. Dessen Ergebniswende wurde unter Führung des französischen Renault-Konzerns erreicht. Renault hatte 1999 eine Minderheits-Kontrollbeteiligung an Nissan von knapp 37 Prozent übernommen.

Positive Effekte für das laufende Jahr erwartet Mazda von der europäischen Währung. Der Autobauer erwirtschaftet einen Großteil seiner Umsätze in Europa. Im vergangenen Jahr hatte ein volatiler Euro für Währungsverluste gesorgt und die Wettbewerbsvorteile der Japaner reduziert.

Quelle: *Süddeutsche Zeitung* vom 26./27.5.2001

Im Rechnungswesen fallen sehr viele komplizierte Aufgaben an. Hinzu kommt, dass man sich im komplexen Steuerrecht auskennen muss.

Die Inhalte bzw. Aufgaben der einzelnen Bausteine des Rechnungswesens werden nun vorgestellt, soweit sie für das Thema Wirtschaftsteil relevant sind. Wer seine Kenntnisse über das Rechnungswesen vertiefen will, dem sei der TaschenGuide *Kleines Lexikon Rechnungswesen* empfohlen.

Was leistet die Finanzbuchhaltung?

Die Finanzbuchhaltung (oft auch kurz „Fibu" genannt) wird von Fachfremden oft als qualvolle Zahlendreherei missverstanden. In Wirklichkeit stellt sie die Basis des gesamten Rechnungswesens dar, weil sie sämtliche Belege des Unternehmens verbucht, also in Kurzform erfasst. Anhand der Belege kann man ersehen, welche Geschäftsvorgänge in einem Unternehmen angefallen sind, und sich ein vorläufiges Bild über die Vermögens-, Finanz- und Ertragslage machen.

Die Finanzbuchhaltung ist aber nicht das allumfassende Informationsinstrument des Unternehmens. Sie stellt nur einen, wenn auch wichtigen Teil der Belegverarbeitung bei Geschäftsvorfällen nach den einschlägigen Vorschriften des Handels- und Steuerrechts dar.

Sehen wir uns das am Beispiel Abschreibungen näher an. Eine Abschreibung ist die Verteilung der Anschaffungs-/Herstellungskosten auf die Nutzungsdauer eines Wirtschaftsgutes. Ein abnutzbarer Gegenstand, den Sie heute anschaffen, wird erst in der Zukunft nach den Vorschriften des Handels- bzw. Steuerrechts abgeschrieben. Dies geschieht unabhängig davon, wie lange Sie bzw. Ihr Unternehmen den Gegenstand tatsächlich wirtschaftlich nutzen.

Beispiel

In den neuen Abschreibungstabellen werden Pkw-Neufahrzeuge sechs Jahre genutzt. Dies bedeutet, dass eine jährliche Abschreibung in Höhe von 5 000 € als Aufwand verbucht wird, wenn sich die Anschaffungskosten auf 30 000 € belaufen haben. Die Abschreibungen werden übrigens im Steuerrecht in § 7 Einkommensteuergesetz (EStG) geregelt.

Betriebsbuchhaltung oder Kostenrechnung

Die Betriebsbuchhaltung oder auch Kostenrechnung ist der Teil des Rechnungswesens, der sich mit der Kalkulation beschäftigt. Zur Kostenrechnung gehören drei Bausteine:

- Die Kostenartenrechnung ermittelt alle Arten von Kosten.

- Die Kostenstellenrechnung verteilt die Kostenarten auf die verschiedenen Kostenstellen (z. B. Einkauf, Produktion, Verwaltung und Vertrieb).

- Die Kostenträgerrechnung kalkuliert Aufträge und Maschinen als die wesentlichen Kostenträger.

Entscheidend für den Leser des Wirtschaftsteils ist es, ob die Unternehmen gut oder schlecht dastehen und welche Perspektiven sie im Markt zukünftig haben. Es kann aber sein, dass sich anhand von Zeitungsinformationen nicht genau sagen lässt, ob es sich um das Ergebnis aus der Finanzbuchhaltung in Form des Jahresabschlusses handelt oder um das Ergebnis, das die Kostenrechnung betriebswirtschaftlich für das

Unternehmen ermittelt. Dies wird aus dem folgenden Bericht im *Handelsblatt* vom 22.9.1999 deutlich:

KURZ BERICHTET

Baan will wieder schwarze Zahlen schreiben

Das zweitgrößte europäische Softwarehaus **Baan** Co., Barneveld/Niederlande, will nach Millionenverlusten im vergangenen Geschäftsjahr in diesem Jahr wieder schwarze Zahlen schreiben. Die Gewinnschwelle werde voraussichtlich im dritten oder vierten Quartal erreicht, sagte die Vorstandsvorsitzende Mary Coleman am Dienstag. Auch der dramatische Personalabbau habe gestoppt werden können. Im vergangenen Jahr hatte Baan rund 315 Mill. $ Verlust gemacht und ein Viertel seiner ursprünglich rund 6 200 Arbeitsplätze abgebaut. Baan produziert Betriebssoftware für Unternehmen und ist einer der Hauptkonkurrenten der Walldorfer SAP AG, der größten europäischen Softwareschmiede.   dpa

Quelle: *Handelsblatt* vom 22.9.1999

Hier wird die Gewinnschwelle angesprochen. Dies ist die Grenze, ab der die Erlöse größer als die Kosten werden. Insofern ist diese Information eher der Kostenrechnung zuzuordnen als der Finanzbuchhaltung, die nach rein handelsrechtlichen oder steuerlichen Vorschriften bewertet.

Wer plant, gewinnt: Planungsrechnungen

Unternehmensplanungen spielen nicht nur für große Aktiengesellschaften eine Rolle. Auch viele kleine und mittelgroße Unternehmen wären gut beraten, eine Planung zu erstellen, um die Zukunft besser beurteilen zu können.

Beispiel

Das Unternehmen erarbeitet durch die Gegenüberstellung von allen Erträgen und anfallenden Kosten während eines Wirtschaftsjahres eine Gewinnplanung.

Das Problem vieler Planungen ist der Realitätsbezug und die richtige Einschätzung der zukünftigen Entwicklungen. Denn auch hier gilt: Eines ist gewiss – die Zukunft ist ungewiss!

Bei einer vernünftigen Planung sind die folgenden Planungsschritte notwendig:

1 Planung von Umsätzen, Kosten und Ergebnissen (Forecasting)

2 Planung der Investitionen

3 Planung der Liquidität

Viele Unternehmen haben Probleme mit der Liquidität. Der Planung dieser zentralen Größe sollte deshalb viel mehr Aufmerksamkeit gewidmet werden. Dies wiederum setzt eine fundierte Planung der Erfolge und der Verwendung der Mittel bei Investitionen voraus.

Als Leser sollten Sie Planzahlen vorsichtig interpretieren. Denn nicht immer ist erkennbar, ob den Planungen realistische Prognosen zugrunde liegen oder ob die Voraussagen etwa im Hinblick auf potenzielle Anleger „geschönt" sind. Viele Neuemissionen der letzten Jahre haben vor allem fachlich weniger versierte Anleger mit werbewirksamen Prognosen enttäuscht. Als alleinige Entscheidungsgrundlage für Anleger sind Prognosen also nicht geeignet. Holen Sie in solchen Fällen lieber weitere Hintergrundinformationen ein (s. u.).

Statistik

Die Statistik ist das wohl meistverbreitete Zahlengespenst im Unternehmen. Jeder weiß, welche unermesslichen Zahlenberge die EDV produziert. Doch entscheidend sind Inhalt und Richtigkeit der Werte – auch bei den Darstellungen im Wirtschaftsteil der Zeitung.

Grundsätzlich unterscheidet die Statistik in der Betriebswirtschaft die folgenden Aufgaben:

- Zeitvergleich als Vergleich mit Vorperioden: Haben sich die Ergebnisse des Unternehmens positiv oder negativ entwickelt?

- Branchenvergleich als Vergleich des Unternehmens mit anderen Branchen im Rahmen von Benchmarking (sich an Stärken anderer Unternehmens orientieren) und mit Konkurrenzunternehmen: Wie steht das Unternehmen gegenüber seinen Mitbewerbern da?

Bedenken Sie: Statistiken können schon allein durch die Auswahl der Daten (nicht vollständig, keine Vergleichsdaten) „geschönt" erscheinen. Ohne weitere Hintergrundinformationen verlieren sie an Aussagekraft.

Der Jahresabschluss – ein wichtiges Informationspaket

Der Jahresabschluss ist für viele, die an einem Unternehmen interessiert sind, das wichtigste Informationsinstrument.

Aus dem Jahresabschluss eines Unternehmens können Sie folgende Informationen entnehmen:

1 **Bilanz:** Die Bilanz gibt Auskunft über sämtliche Vermögensteile und das Kapital des Unternehmens zu einem ganz bestimmten Stichtag (Bilanzstichtag), beispielsweise dem 31.12.2001.

2 **Gewinn- und Verlustrechnung:** Die GV listet sämtliche Erträge/Erlöse und Aufwendungen während eines Wirtschaftsjahres sowie das Jahresergebnis in Form von Jahresüberschuss und -fehlbetrag auf. Sie gibt damit Auskunft über den Erfolg des Unternehmens während eines bestimmten Zeitraums, ist also eine Periodenrechnung.

Beispiel
Die Gewinn- und Verlustrechnung der Firma Freddy Flopp GmbH enthält alle Vorgänge vom 1.1.2001 bis zum 31.12.2001.

3 **Anhang:** Der Anhang ist bei Kapitalgesellschaften wie GmbH, AG Pflicht. Darin finden Sie Bewertungs- und Bilanzierungsmethoden, Grundlagen von Währungsumrechnungen, Sicherheiten von Verbindlichkeiten, die durchschnittliche Zahl von Beschäftigten, Bezüge von Geschäftsführung und Aufsichtsrat sowie deren Mitglieder.

So unterscheiden sich Bilanzen

Grundsätzlich werden drei Arten von Bilanzen unterschieden:

- Die Handelsbilanz ist ein Informationsinstrument für Dritte wie Unternehmer, Banken, Kunden und Aktionäre. Sie wird nach handelsrechtlichen Vorschriften erstellt und soll Auskunft über die Lage des Unternehmens geben.

- Die Steuerbilanz ist ein Informationsinstrument für das Finanzamt. Sie ermöglicht die steuerliche Bewertung und ist damit Grundlage für die Steuerberechnung.

■ Die Offenlegungsbilanz ist ein Informationsinstrument für Gläubiger, Aktionäre und Interessenten. Sie dient der Offenlegung des Jahresabschlusses und dem Gläubigerschutz.

Wie entsteht eine Bilanz?

Der Weg zur Bilanz führt über Inventur und Inventar. Die Inventur ist der Vorgang, bei dem nicht nur das Warenlager zu einem bestimmten Stichtag mengenmäßig aufgenommen und entsprechend bewertet wird. Auch Anlagegüter, Forderungen, Bankguthaben und Schulden kommen in die Inventur.

Die bewerteten Posten von Vermögen und Kapital, die bei der Inventur aufgenommen wurden, führt das Inventarverzeichnis im Detail auf. Es ist wie folgt strukturiert:

	Vermögen
–	Schulden
=	Eigenkapital/Reinvermögen

Für den Leser einer Wirtschaftszeitung sind vor allen Dingen Bilanzdaten zum Eigenkapital, zu den Schulden und zu der Verteilung der einzelnen Vermögensposten bedeutend. Viele Unternehmen haben nur eine sehr geringe Eigenkapitaldecke.

Wie Bilanzen aufgebaut sind: Aktiva und Passiva

Die linke Seite der Bilanz heißt Aktivseite, die rechte heißt Passivseite. Bei den Aktiva wird das gesamte Vermögen des Unternehmens als Buchwert aufgeführt. Daher nennt man

diese Bilanzseite auch Investitions- oder Mittelverwendungs-
seite. Bei den Passiva finden Sie das Kapital des Unternehmens, und zwar sowohl das Eigen- als auch das Fremdkapital
bzw. die Schulden. Deshalb heißt diese Seite auch Mittelher-
kunftsseite.

Beispiel
Bilanz zum 31.12.2001, Firma Freddy Flopp GmbH:

Aktiva		Passiva
Vermögensseite		Kapitalseite
Investitionsseite		Finanzierungsseite
Mittelverwendungsseite		Mittelherkunftsseite
Bilanzsumme Aktiva	=	Bilanzsumme Passiva

Beide Seiten der Bilanz müssen ausgeglichen sein, da immer
gilt: Das, was auf der Passivseite finanziert wurde, muss automatisch dem Vermögen bzw. dem Investitionsvolumen auf der
Aktivseite entsprechen.

■ *Man kann die Bilanz mit einer Waage vergleichen, bei der beide*
Seiten immer ausgeglichen sein müssen.   ■

So sieht eine Bilanz aus

Nach § 266 HGB gliedert sich eine Bilanz vereinfacht in die
folgenden Bilanzpositionen:

Aktiva	Passiva
Anlagevermögen:	Eigenkapital:
Immaterielle Vermögens-	Gezeichnetes Kapital
gegenstände	Offene Rücklagen
Sachanlagen	Ergebnis der GV:
Finanzanlagen	Jahresüberschuss/-fehlbetrag
Umlaufvermögen:	Fremdkapital:
Vorräte	Rückstellungen
Forderungen	Verbindlichkeiten
Wertpapiere	
Liquide Mittel	

Beispiel

Ein Unternehmen hat ein Eigenkapital von 50 000 €. Davon kauft es einen Pkw für 20 000 € und Büroeinrichtung für 10 000 €, legt Warenvorräte über 10 000 € an, 5 000 € als Bankguthaben und behält 5 000 € „in der Kasse".

Die Bilanz des Unternehmens aus dem Beispiel sieht wie folgt aus:

Aktiva		Passiva	
Pkw	20 000	Eigenkapital	50 000
Büroeinrichtung	10 000		
Warenbestände	10 000		
Bankguthaben	5 000		
Kassenbestand	5 000		
Bilanzsumme	50 000	Bilanzsumme	50 000

Indikator für die Größe eines Unternehmens ist neben den Umsatzerlösen und der Anzahl der Mitarbeiter auch die Bilanzsumme.

Vertiefende Hinweise zum richtigen Lesen einer Bilanz finden Sie im TaschenGuide *Bilanzen lesen*.

Eigenkapital und Liquidität

Anhand der Zahlenwerte im obigen Beispiel sehen Sie, dass nicht das gesamte Eigenkapital (50 000 €) mit dem Bestand an liquiden Mitteln in Form von Bank- und Kassenguthaben (10 000 € insgesamt) identisch ist. Unternehmen, die über ein gewisses Eigenkapitalpolster verfügen, haben also nicht automatisch eine hohe Zahlungsfähigkeit.

Rücklagen und Rückstellungen

Im Wirtschaftsteil Ihrer Zeitung werden Sie immer wieder auf die Begriffe „Rücklage" und „Rückstellungen" stoßen. Sehen wir sie uns also etwas genauer an.

Rücklagen

Man unterscheidet zwei Arten:

- offene Rücklagen
- stille Rücklagen

Offene Rücklagen werden in der Bilanz auf der Passivseite im Posten „Eigenkapital" aufgeführt.

Beispiel

Unter offenen Rücklagen versteht man zum einen Kapitalrücklagen aus Eigenkapital, das von außen kommt (Aufgeld, Zuzahlungen, Nachschüsse), zum anderen Gewinnrücklagen, wie gesetzliche Rücklagen, Rücklagen für eigene Anteile, satzungsmäßige Rücklagen und andere.

Stille Rücklagen sind im Prinzip die stillen Reserven des Unternehmens. Sie entstehen durch eine Unterbewertung von Vermögen auf der Aktivseite oder durch eine Überbewertung von Schulden. Im Jahresabschluss sind diese stillen Rücklagen sehr schwer zu erkennen.

Beispiel

Ihr Unternehmen verfügt über ein unbebautes Grundstück – Verkehrswert 1 Mio. €. Die Anschaffungskosten im Jahr 1960 beliefen sich auf umgerechnet rund 100 000 €. Da das Grundstück höchstens mit den Anschaffungskosten in der Bilanz bewertet werden darf, ergibt sich eine stille Rücklage in Höhe von 900 000 €.

Eine Rückstellung für eine Reparatur wird zu hoch eingeschätzt, da exaktere Informationen fehlen. Der geschätzte Betrag der Rückstellung (nach Auskunft der Reparaturfirma) liegt bei 10 000 € Im Jahr darauf wird aber nur über 9 000 € Rechnung gestellt. Die stille Reserve beträgt also 1 000 €.

Aus diesen beiden Beispielen wird deutlich, wie schwierig es ist, in der Bilanz die Bewertungen zu erkennen.

Rückstellungen

Rückstellungen sind Verbindlichkeiten. Im Gegensatz zu den von der Bilanz als solche ausgewiesenen „Verbindlichkeiten" ist ihre genaue Höhe und/oder Fälligkeit aber ungewiss.

Beispiel

Das Unternehmen bildet Rückstellungen für einen anstehenden Prozess. Genaue Höhe und Fälligkeitsdatum der Kosten sind nicht bekannt.

Rückstellungen werden gebildet, um die Schulden des Unternehmens vollständig zu erfassen und auch alle Kosten im Jahresabschluss zu berücksichtigen, deren Ursache im abgelaufenen Wirtschaftsjahr lagen. Aus rein steuerlichen Gründen dürfen Rückstellungen zur Gewinnminderung nicht gebildet werden.

Als Zeitungsleser sollten Sie genau darauf achten, ob es sich um eine Rückstellung als Verbindlichkeit handelt oder um eine Rücklage, der Bewertungsüberlegungen zugrunde liegen. Doch hierüber schweigen sich die Zeitungsberichte oft aus.

Die Gewinn- und Verlustrechnung (GV)

Die Gewinn- und Verlustrechnung (GV) zeigt im Rahmen des Jahresabschlusses, welche Erträge und Aufwendungen innerhalb eines Wirtschaftsjahres angefallen sind. Sie ist eine Periodenrechnung.

Nach § 275 HGB ist der Gewinn in Staffelform nach den folgenden beiden Möglichkeiten aufzustellen:

- Gesamtkostenverfahren als Standardverfahren für alle Unternehmen, seit Jahren angewendet.
- Umsatzkostenverfahren als Verfahren, das gerade Unternehmen wählen, welche internationale Jahresabschlüsse erstellen.

Das Gesamtkostenverfahren führt die Aufwendungen als Kostenarten auf (Material-, Personalaufwand). Das Umsatzkostenverfahren bezeichnet die Aufwendungen im Kerngeschäft dagegen nach Kostenstellen (Herstellungs-, Vertriebs-, allgemeine Verwaltungskosten). In Bezug auf das Ergebnis sind beide Verfahren identisch.

Wie Sie ein Unternehmen bewerten

Die kritische Bewertung eines Unternehmens ist eine sehr komplexe Aufgabe, da Sie auf unterschiedlichste Informationen von qualifizierten Insidern angewiesen sind. Welche Möglichkeit Sie auch wählen, beachten Sie, dass Sie die Informationen auf ihre Objektivität hin prüfen.

Folgende Quellen kommen für die Unternehmensbewertung mittels eines Wirtschaftsteils grundsätzlich in Frage:

- Berichte über Unternehmensentwicklungen und Chancen im Markt (Kommentare, Berichte),
- veröffentlichte Jahresabschlüsse mit Kommentierungen,
- Unternehmensnachrichten,
- Marktberichte über bestimmte Branchen.

Um sich einen möglichst objektiven Bewertungsmaßstab geben zu lassen, sollte man nicht nur unterschiedliche Zeitungen zur Meinungsbildung heranziehen, sondern die Entwicklung auch über einen längeren Zeitraum intensiv verfolgen. Die folgenden Überlegungen helfen dabei weiter:

- Konsultieren Sie ruhig politisch unterschiedlich ausgerichtete Zeitungen (wie die *Frankfurter Allgemeine Zeitung,* die *Süddeutsche Zeitung* oder die *Financial Times Deutschland*) und vergleichen Sie die Darstellungen.
- Für eine intensivere Beschäftigung lohnt es sich auch, nach Firmenporträts in periodischen Publikationen wie der *Wirtschaftswoche* Ausschau zu halten.

■ Ferner bieten branchenbezogene Fachzeitschriften Insider-Informationen und beleuchten auch die Marktsituation sehr genau. Sie gehen auch auf Neuigkeiten und Trends in der jeweiligen Branche ein.

Berichte im Wirtschaftsteil richtig interpretieren

Diese Quelle ist vor allem für Kleinaktionäre oft ein wichtiges Hilfsmittel. Aus dem Wirtschaftsteil erfahren Sie nicht nur sehr schnell, wie die Ertragslage des Unternehmens aussieht, sondern auch, welche Strategie es verfolgt. Doch Vorsicht: Zeitungsberichte sind oft Stückwerk, eine genaue Analyse bleibt in vielen Fällen aus.

Beispiel

Im vergangenen Jahr konnten Sie im Wirtschaftsteil fast täglich Vorberichte zum Börsengang von Unternehmen lesen, die an den Neuen Markt wollten. Die Artikel waren überwiegend positiv. Die Chancen auf dem globalen Markt wurden günstig eingeschätzt, weil das Marktsegment zukunftsträchtig war. Als viele Unternehmen gerade des Neuen Markts die Erwartungen nicht erfüllten, war die Enttäuschung groß.

■ *Eine kritische Bewertung aufgrund eines Zeitungsberichts ist auch deshalb nicht unproblematisch, weil bestimmte Begriffe falsch interpretiert werden könnten. Erinnern Sie sich nur daran, welche Arten von Gewinn es gibt.* ■

Auf welche Quellen Sie noch zurückgreifen sollten

Jahresabschluss

Für Insider und Profis ist der Jahresabschluss ein sehr wichtiges Instrument zur kritischen Bewertung eines Unternehmens. Bilanz sowie Gewinn- und Verlustrechnung versorgen den Leser mit einer ganzen Reihe von wichtigen Informationen.

Im Wesentlichen werden Sie sich bei der Analyse des Jahresabschlusses auf die Entwicklung des Gewinns als Ergebnis der Gewinn- und Verlustrechnung beschränken.

Auch an der Relation zwischen Umsatzerlösen einerseits und Wareneinsatz (was an Warenwerten im laufenden Umsatzerlös enthalten ist) andererseits erkennen Sie, welches Rohergebnis (Umsatzerlöse vermindert um den Wareneinsatz) das Unternehmen erzielt hat.

Die Bilanz sollten Sie hinsichtlich der Veränderungen und des Standes der einzelnen Vermögens- und Kapitalpositionen kritisch bewerten und analysieren. Der Posten Eigenkapital hat hier eine besondere Bedeutung.

Beispiel

Vergleichen Sie das Eigenkapital des aktuellen Wirtschaftsjahrs mit dem des Vorjahrs. Eine Eigenkapitalerhöhung bedeutet in den meisten Fällen eine Verbesserung der Ertragslage, ein Rückgang des Eigenkapitals eine Verschlechterung.

Kostenrechnung – beinahe ein Staatsgeheimnis

Im Kapitel „Warum ist das Rechnungswesen eines Unternehmens so wichtig?" wurde bereits kurz erläutert, was die Kostenrechnung aussagt, wie also ein Unternehmen kalkuliert.

Um die Kalkulation eines Unternehmens zu bewerten, benötigen Sie nicht nur spezielle kostenrechnerische Kenntnisse. Sie brauchen vor allem gute Kontakte, um überhaupt an diese internen Unterlagen zu kommen. Denn die Kostenrechnung ist freiwillig, unterliegt keinen Offenlegungsverpflichtungen und ist für die Unternehmen als interne Rechnung von höchster Vertraulichkeit. Nur wenige Mitarbeiter/innen des Unternehmens kennen ihren Inhalt.

Eine kritische Bewertung anhand der Kostenrechnung ist jedoch ohnehin nur selten ergiebig. Ausschlaggebend in der Kostenrechnung ist, wie hoch der „Deckungsbeitrag" ist – auch dieser ein bestgehütetes Geheimnis. Unter Deckungsbeiträgen versteht man Umsatzerlöse abzüglich der den Umsatzerlösen direkt zurechenbaren Kosten, wie Material und Fertigungslöhne. Lediglich große Unternehmen, die im Markt bekannt sind, können anhand ihrer positiven Deckungsbeiträge eingestuft werden.

Beispiel

Bei einem Autokonzern mit hohen Zuwachsraten können positive Deckungsbeiträge vermutet werden: Der VW Golf, die 3er-Serie von BMW oder die C-Klasse von Mercedes sind für ihre Unternehmen sicherlich Gewinnbringer.

Unternehmenskennzahlen – und wie Zahlen blenden können

Das klassische Bewertungsmodell ist die Analyse der Kennzahlen eines Unternehmens. Ihnen wird fast schon magische Bedeutung zugesprochen, weil viele darin die maßgeblichen Daten in Kurzform sehen. So werden besonders aus der Bilanz bestimmte Kennzahlen erstellt, etwa das Verhältnis von Eigen- zu Fremdkapital (die sog. „Eigenkapitalquote").

Doch als kritischer Leser sollten Sie sich auch die Nachteile solcher Zahlenquotienten vor Augen führen, z. B.:

- Die Kennzahlen beziehen sich so gut wie immer auf die Daten des vergangenheitsorientierten Jahresabschlusses, nicht auf aktuelle Gegebenheiten oder gar zukünftige Erfolge.

- Die Bilanz wurde zu einem bestimmten Stichtag erstellt. Heute kann die Situation ganz anders zu bewerten sein.

Beispiel
Zum Bilanzstichtag 31.12.2001 belief sich der Vermögensbestand an Guthaben bei Kreditinstituten auf 100 000 €. Besteht z. B. am 18.3.2002 nur noch ein Guthaben von 1000 €, erscheint das in keiner Kennzahl.

Eine wichtige Kennzahl: der Cashflow

Eine wichtige Kennzahl ist der so genannte Cashflow. Er zeigt, inwieweit sich ein Unternehmen aus dem eigenen Umsatzprozess finanzieren kann bzw. wie viele liquide Mittel netto aus dem Umsatzprozess zurückfließen. Mit diesen Mitteln kann das Unternehmen Tilgungen von Darlehen vornehmen, weitere Investitionen tätigen und Ausschüttungen vornehmen.

Beispiel

Ein Unternehmen hat einen Jahresüberschuss von 100 000 € erwirtschaftet. Darin enthalten sind auch nicht-auszahlungswirksame Aufwendungen, wie die Abschreibung eines Pkw über 5 000 €. Der Cashflow geht vom Jahresüberschuss des Unternehmens aus, wobei insbesondere die nicht-auszahlungswirksamen Aufwendungen wieder hinzugerechnet werden. Das sieht wie folgt aus:

	Jahresüberschuss	100 000 €
±	Abschreibungen	5 000 €
=	Cashflow	105 000 €

Dem Unternehmen fließen in diesem Jahr aus dem Umsatzprozess also 105 000 € an liquiden Mitteln zurück.

Weitere wichtige Kennzahlen:

- Die Debitorenintensität gibt an, wie sich die Forderungen aus Lieferungen und Leistungen im Verhältnis zum gesamten Vermögen verhalten. Mit ihrer Hilfe erkennen Sie die Relation Debitoren/restliches Vermögen.

- Die Eigenkapitalquote beziffert das Verhältnis von Eigenkapital zum restlichen Kapital. Sie verdeutlicht Anteil und Gewicht des Eigenkapitals.

- Der Verschuldungsgrad zeigt das Verhältnis von Fremd- zu Eigenkapital.

- Die direkte Liquidität oder Liquidität 1. Grades benennt das Verhältnis der Geldmittel zu den kurzfristigen Schulden. Über sie können Sie die Zahlungsfähigkeit des Unternehmens beurteilen.

- Die Eigenkapitalrentabilität zeigt, in welcher Relation der Gewinn zum Eigenkapital steht. Sie macht deutlich, wie rentabel das Unternehmen im Verhältnis zum Eigenkapital arbeitet.

- Die Umsatzrentabilität drückt die Relation von Umsatzerlösen zum Gewinn aus. Hieran erkennen Sie die Entwicklung des Erfolgs.

Persönliche Informationen

Die Qualität persönlicher Informationen für die kritische Bewertung eines Unternehmens hängt natürlich in erster Linie davon ab, von wem sie stammen. Stellen Sie sich folgende Fragen:

- Welche Qualifikation besitzt die betreffende Person?

- Ist sie vertrauenswürdig?

- In welchem Verhältnis steht sie zum Unternehmen?

Behalten Sie immer im Hinterkopf, dass die Informationen von einer höchst subjektiven Sichtweise und Eigeninteressen geprägt sein können.

Wer macht die Meinung? Medien als Stimmungsbarometer

Ein Unternehmen wird nicht allein durch „harte Fakten" beurteilt – auch die Stimmungslage spielt eine große Rolle. Jedes Unternehmen versucht daher, durch Presse- und Öffentlichkeitsarbeit (PR) ein positives Bild von sich aufzubauen.

> ■ PR begleitet und kommuniziert die Aktivitäten des Unternehmens unter Berücksichtigung des aktuellen sozialen und politischen Gefüges. Sie unterscheidet sich von Werbung dahingehend, dass sie offensichtlich kein bestimmtes Produkt verkaufen will. Durch PR soll das Unternehmen als Ganzes legitimiert werden. Hier zählen auch „weiche" Faktoren, wie etwa soziale Verantwortung. ■

Ziel dabei ist nicht in erster Linie, dass sich das Image der Produkte in den Köpfen der Menschen verankert (wie bei der Imagewerbung), sondern vor allem, dass das Unternehmen als Ganzes ein positives Image erhält und glaubwürdig erscheint.

Die Vermittler der PR sind in erster Linie die Medien. Somit haben also die Meinungsmacher in Presse, Rundfunk und TV keinen geringen Einfluss auf die Stimmungslage, darauf, wie ein Unternehmen in der Öffentlichkeit wahrgenommen wird. Aber die Medien sind natürlich auch kritische Begleiter. Schreckensmeldungen oder eine „schlechte Presse" haben nicht nur Auswirkungen auf das Image. Verliert ein Unternehmen das Vertrauen der Öffentlichkeit, zieht dies nicht selten auch wirtschaftliche Verluste nach sich.

Lehrstück „Brent Spar"

Ein bekannter Fall einer solchen negativen Berichterstattung ist die Geschichte der Brent Spar.

Als die Royal Dutch/Shell Gruppe 1995 eine ausrangierte Ölplattform, die Brent Spar, im Atlantik versenken wollte, besetzten Aktivisten der Umweltschutzorganisation Greenpeace die Anlage. Damit begann ein monatelanges Tauziehen zwischen dem Ölkonzern, Umweltschützern und Politikern um eine umweltgerechte Entsorgung der Anlage. Obwohl die Verantwortlichen bei Shell bald einsehen mussten, dass sie die Öffentlichkeit gegen sich hatten, hielten sie zunächst an der geplanten Versenkung fest. Sie hatten offensichtlich die Zeichen der Zeit nicht erkannt und erwiesen sich nicht als dialogfähig. Erst Boykottaufrufe und Interventionen von europäischen Politikern konnten das Blatt wenden. Shell stimmte schließlich am runden Tisch einer umweltverträglichen Lösung zu.

Die Brent Spar geriet zum Medienereignis schlechthin. Über Wochen und Monate beschäftigten sich Leitartikler, Blattmacher und Wirtschaftsjournalisten mit dem Fall. Dabei bekam der Ölmulti in vielen Publikationen nicht nur negative Schlagzeilen, es drohten auch massive wirtschaftliche Verluste. Greenpeace hingegen gelang es, die Öffentlichkeit gegen Shell zu mobilisieren.

Im Nachhinein erscheint die Intensität des Medienechos etwas erstaunlich, denn schließlich war dies nicht der erste Umwelt-Sündenfall der Industrie. Doch hier war offensichtlich ein „Tipping point" erreicht, ein Ereignis, das den Nerv der Zeit traf und damit auch entsprechend medienwirksam war.

Obwohl Shell in Wirtschaftskreisen bis dahin als vorbildlich galt, machte es in dieser Zeit, nach eigenen Aussagen, die größte Glaubwürdigkeitskrise seiner Geschichte durch – mit entsprechenden „Folgekosten".

Fälle wie die Brent Spar zeigen: Die Medien sind die vierte Macht im Staat. Daher wird es für Unternehmen immer wichtiger, mit dem gesamten Soziosystem – auch mit den politischen Gegenspielern – im Dialog zu stehen und an ihrem Image zu arbeiten. Dazu sind nicht zuletzt auch gute Kontakte zur Presse nötig.

> ■ *Presse- und Medienarbeit ist ein, wenn nicht der wichtigste Bereich der Öffentlichkeitsarbeit. Wer die Medien auf seiner Seite weiß, verfügt über mehr Einfluss und Macht. Der Verlust von Vertrauen und Glaubwürdigkeit hingegen kann ein Unternehmen langfristig teuer zu stehen kommen.* ■

Checkliste: Nach diesen Kriterien können Sie ein Unternehmen beurteilen

Bewertungsinstrumente

Allgemein	Speziell
Jahresabschlussanalyse	Analyse der Veränderungen von …
Bilanz:	Vermögen Eigenkapital Fremdkapital Bilanzsumme
GV:	Umsatzerlöse Wareneinsatz Rohertrag Ergebnis
Kennzahlenanalyse	Debitorenintensität: Debitoren/Bilanzsumme
	Eigenkapitalquote: Eigenkapital/Bilanzsumme
	Verschuldungsgrad: Fremdkapital/Eigenkapital

	Direkte Liquidität: Flüssige Mittel/kurzfristige Schulden
	Eigenkapitalrentabilität: Gewinn/Eigenkapital
	Umsatzrentabilität: Gewinn/Umsatz
	Cashflow
Stimmungslage	Medienberichte
Aktienkurse	Börsenberichte

Die Welt des Investments

Dem Bereich Kapitalinvestment in all seinen Facetten widmet der Wirtschaftsteil viel Platz. Damit Sie die Zusammenhänge, Analysen und Prognosen verstehen, finden Sie in diesem Kapitel u. a. das Wichtigste zu Märkten und Investitionen.

Vom Anleihen- bis zum Warenmarkt

Überblick über die einzelnen Märkte

Weltweit gibt es zahlreiche Märkte, die oft miteinander verbunden sind und auch Einfluss aufeinander haben.

Folgende Märkte existieren; sie werden unterschieden

- nach der Preisbildung auf dem Markt:
  - unvollkommene Märkte mit unterschiedlichen Preisen für ein und dasselbe Wirtschaftsgut
  - vollkommene Märkte mit nur einem einheitlichen Preis
- nach der Möglichkeit, am Marktgeschehen teilzunehmen:
  - geschlossene Märkte mit Zutritt nur für bestimmte Gruppen (Beispiel: Briefmonopol beim Postwesen)
  - offene Märkte, die für alle Gruppen frei sind
- nach der Anzahl der Marktteilnehmer:
  - Monopolmarkt mit nur einem mächtigen Anbieter oder Nachfrager
  - Oligopolmarkt mit nur wenigen Anbietern oder Nachfragern
  - Polypolmarkt als vollkommene Konkurrenz auf der Anbieterseite und auf der Nachfragerseite
- nach der Intensität des staatlichen Eingriffs:
  - gesteuerte und regulierte Märkte, bei denen der Staat umgehend reagiert, wenn er seine Strategie gefährdet sieht
  - freie Märkte ohne staatliche Reglementierungen

- nach lokalen bzw. geografischen Kriterien
- nach temporär-lokalen Überlegungen:

  – dezentralisierte Märkte, bei denen Nachfrager und Anbieter von Leistungen nicht an der gleichen Stelle und auch nicht am selben Ort zusammenkommen (Regelfall)

  – zentralisierte Märkte, bei denen Nachfrager und Anbieter an einem Ort zusammenkommen (Beispiel: Gebrauchtwagenmarkt jeden Samstag an einer Stelle der Großstadt)
- nach der Art der Leistungen:

  – Aktienmarkt
  – Anleihenmarkt

  – Geldmarkt

  – Devisenmarkt

  – Terminmarkt

  – Warenmarkt mit Konsum- und Produktionsgütern

  – Immobilienmarkt

Die letztgenannten Märkte spielen im Wirtschaftsteil Ihrer Zeitung eine große Rolle. Damit Sie sich in diesen Rubriken zurechtfinden, sehen wir sie uns genauer an.

Aktienmarkt

Auf dem Aktienmarkt werden durch Verkaufs- und Kaufaufträge die Preise für Aktien gebildet. Für die meisten Leser des Wirtschaftsteils ist er der interessanteste Markt; deshalb nimmt der Umfang der Kursrubriken auf den entsprechenden Seiten stetig zu.

Die Bildung der Preise an den Effektenbörsen – das sind die Märkte, an denen nur Wertpapiere gehandelt werden –, erfolgt mittels Festsetzung der Effektenkurse in Form von Prozent- oder Stückkursen. Prozentkurse werden für festverzinsliche Wertpapiere gebildet, Stückkurse für Aktien; sie geben den Preis pro Aktie an.

Wo und wann wird gehandelt?

Aktien werden bekanntermaßen an der Börse gehandelt. In Deutschland gibt es mehrere Aktienbörsen. Frankfurt ist die bekannteste und nach wir vor wichtigste. Doch auch die Regionalbörsen, wie Hamburg, Hannover, Düsseldorf, Berlin, Stuttgart oder München, sind im Kommen.

Kennzeichnend für den Aktienmarkt ist, dass

- die Titel werktags (allerdings nicht am Samstag) und
- nur Verträge gehandelt werden. Die Vertragserfüllung findet außerhalb der Börsen und des Börsenortes statt.

Teilnehmer

Am Börsengeschehen nehmen die folgenden Personen teil:

- Händler bzw. deren Vertreter
- Börsenmakler bzw. deren Vertreter als amtliche Handelsmakler/vereidigte Makler und als freie Makler, die vom Zulassungsausschuss zum Börsenbesuch zugelassen werden müssen
- Journalisten und Pressevertreter
- Hilfspersonen

Termin- und Kassahandel

Man unterscheidet ferner

- Terminhandel und
- Kassahandel.

Beim Terminhandel erfolgt die Erfüllung zu einem vereinbarten späteren Zeitpunkt. Beim Kassahandel erfolgt die Erfüllung am zweiten Börsentag nach Abschluss des Geschäftes. Gegenwärtig gibt es in Europa über 30 Kassa- und über 20 Terminbörsen.

Der Neue Markt

Der so genannte Neue Markt existiert seit Anfang 1997. Hier sind vor allem junge Unternehmen aus den Bereichen Technologie, Internet und Dienstleistung gelistet.

Gerade der Neue Markt zeigte in den letzten beiden Jahren die Sonnen- und Schattenseiten des Börsenlebens drastisch auf: Über Monate hinweg ließen sich in diesem Börsensegment immense Gewinne mitnehmen. Doch als der Boom vorbei war und der Crash kam, ging es für viele schmerzhaft bergab. So mancher Kleinaktionär verlor seinen Einsatz.

Beispiele aus dem Wirtschaftsteil

Die Zeitungen informieren ihre Leser in der Regel aktuell und fundiert über die Marktdaten. Der folgende Ausschnitt beispielsweise zeigt einige Unternehmen des deutschen Aktienmarkts:

Adori (F/m)	2,30	2,06 G	6,80	2,05	
Adphos (F/m)	6,60 bB	7,20 G	38,60	6,60	
ADS System (F/m)	5,30 G	5,33 G	7,80	4,80	0,03
ADVA (F/m)	10,75	10,35	67,90	5,70	0
Advanced Medien (F/m)	0,96 G	0,97 G	3,35	0,66	
Advantec Wagnis. (B/f)	4,10 G	4,00 G	4,10	3,10	
AEE Lebensm. (D/f)	19,50 B	19,50 B	27,68	19,00	0
AG B.Neuenahr Na (D/f)	165,00 G	165,00 G	180,00	162,00	0
AG Bad Salzschlirf (F/f)	15,40 B*	16,00 BT	18,00	16,40	0
AG für HWP (M/g)	7,00 B	7,00 B	11,50	6,20	0
Agfa-Gevaert (F/a)	17,00 -T	16,90 G	25,61	16,30	
Agiplan TS (F/a)	5,20 G	5,05 G	5,75	5,00	
Agrob St.(M/a)	285,00 B	285,00 B	328,00	250,00	0
Agrob Vz (M/f)	280,00 B	275,00 B	314,00	251,00	0
Ahag (D/g)	1,70 G	1,70 G	4,05	1,60	0,12
Ahlers (F/s)	13,95 B	13,95 G	15,20	12,89	1,6
Ahlers Vz (F/g)	13,95	14,00 B	14,92	13,01	1,7
Aigner (M/a)	157,50 B	157,50 eB	175,00	155,00	0
Aixtron (F/n)	110,00	102,70	118,00	63,50	0,20 €
Akt.-Brau.Kaufb. (M/a)	222,50 -T	220,00	252,50	185,00	5
Albis Leasing (F/a)	8,22 eB	8,22 G	13,55	7,60	
Alcatel SEL (F/a)	180,12 G	180,11 B	247,00	157,10	10,6
Alexanderwerk (O/a)	35,00 B	35,00 B	40,00	35,00	0
Allbecon (F/s)	16,00 -T	16,25 -T	28,50	14,49	0,35
Allerthal-Werke (H/n/a)	22,50 B	21,50 G	24,80	21,20	0,05
Allg. Privatk. (H/n/g)	253,00 BT	253,00 BT	308,00	155,00	4,1 €
Allg.Alpenwasser (M/p)	6,00 B	6,00 B	7,00	3,60	0
Allgäuer Brauh. (M/f)	202,00 -T	202,00 BT	202,00	160,00	4
Allgeier Computer (F/n)	5,35 G	5,30 G	5,80	4,50	
Allg Gold u. Silb. (F/f)	13,50	13,80	13,45	12,35	5
Allianz Leben.v.Na (F/a)	619,50	607,50 G	625,50	400,50	12,5
Allweiler St (F/a)	470,00 -T	470,00 -T	500,00	470,10	7
Allweiler Vz (F/a)	380,00 G	380,00 G	385,00	370,00	8
Alno (F/a)	3,41 G	3,30 G	4,00	2,70	0
Alphaform (F/n)	6,80 G	6,50 G	7,70	3,01	
Alsen (H/a)	23,00 GT	22,50 GT	23,60	22,40	1,75
Alte Leipz.v.Na A (F/f)	510,00 -T	510,00 -T	-	-	0
Alte Leipz.v.Na B (F/f)	707,00 -T	707,00 -T	-	-	0

AXA Col. Konz. Vz (F/a)	103,30 B	102,70 -T	112,30	86,00	6,55
AXA Col.Leb.v.Na (O/a)	58,99 B	59,00 G	65,00	55,00	7
AXA Colonia Ver. (F/f)	77,00 G	77,00 G	83,50	77,00	11,42
AXA Colonia Ver. Vz (F/f)	77,00 G	77,00 G	89,00	77,00	11,53
Babcock-BSH (D/a)	2,90 G	2,95 G	4,71	2,80	1
Bad.-Württ. Bk. (S/v/a)	37,51 G	37,80	40,30	37,00	0,85 €
Balda (F/n)	21,20 G	19,65	30,90	12,50	0,13 €
Barmag (F/a)	20,45 G	20,45 G	20,60	20,45	0
Basler (F/m)	10,65	10,50 G	24,70	7,90	0
Bastfaserkont. (B/f)	1350,00 B	1350,00 B	1400,00	1150,00	35
Baumat.-Hdlges. (M/f)	52,00 G	52,00 G	-	-	3
Baumws.Gro. i.K. (D/g)	5,70 B	5,50 -T	9,00	4,00	0
Bäurer (F/n)	9,10	9,15	26,90	7,70	0
Bausch+Linnem. (M/a)	24,80 G	24,80 G	27,00	21,00	1,3
Bau-Verein Inh. (F/s)	13,00 G	12,85 -T	13,00	9,95	0,7
Bay.Handelsbk. (M/a)	30,80 G	30,80 G	32,80	29,00	2,7 €
Bayer. Immobilien (M/a)	81,50 G	82,00	88,00	70,00	1,55
Bayer.BrauHold. (M/a)	2415,00 G	2415,00 G	2450,00	1510,00	37,19
Bayreuther Bier (M/f)	1450,00 GT	1450,00 GT	1435,00	1435,00	10,94
BayWa Na (M/a)	7,20 -T	7,50 B	7,90	6,11	0,20 €
BayWa v. Na (M/a)	6,47 -T	6,50 B	6,60	5,70	0,20 €
BBG Beteilig.AG (F/a)	195,00 G	195,00 G	215,00	195,00	18
BBS Kfz. Vz (S/t/g)	16,00 G	16,05 G	17,10	13,30	0,70 €
BDAG Balcke-D. (D/a)	13,70 G	13,60 G	27,15	12,00	1,3
Bechstein (B/f)	5,60 G	5,85 G	6,15	5,00	0
Bechtle (F/n)	12,00 bB	11,86 G	12,90	7,20	
Behrens J.F. (H/g)	6,20	6,10 G	6,20	4,90	1
Bercht.Bergb. (M/f)	550,00 B	550,00 B	-	-	12
Berentzen Vz (F/s)	5,15 G	5,00 G	5,25	3,50	0,20 €
Berliner AG f.Ind. (B/f)	900,00 G	900,00 G	1200,00	900,00	0
Berl. Effektenges. (B/a)	19,00 G	19,00 G	26,00	18,70	1,38 €
Berliner Kindl (B/a)	210,00 G	210,00 G	217,00	200,00	12
Berl.Spez.flug (B/f)	9,00 G	9,00 G	10,00	6,50	0
Berl.Leb. v. Na (D/f)	775,00 BT	775,00 BT	865,00	775,00	17,5
Berl.-Hann.Hyp. (F/a)	28,25 G	28,50 G	33,00	27,60	0,9 €
Bertrandt (F/m)	14,80 G	15,05 B	23,75	11,50	0,52

Aktienwerte deutscher Unternehmen (Quelle: *FAZ*, 14.4.2001)

Übersichten wie die folgende ermöglichen dem Leser, auf einen Blick die wichtigsten Entwicklungen im Vergleich zum Vortag zu erkennen:

MARKTDATEN VOM TAGE

Aktienmarkt

Indizes (Punkte) Schluss	22.05.	21.05.	Änd. in %
Dt. Aktienindex (Dax)	6270,59	6249,87	+ 0,33
Dax-Future Juni	6277,00	6253,00	+ 0,38
MDax	4756,90	4739,20	+ 0,37
Dax-100	3026,61	3016,43	+ 0,34
SDax	3087,52	3078,62	+ 0,29
Nemax 50	1935,50	1867,67	+ 3,63
Stoxx 50	4376,98	4349,02	+ 0,64
Euro Stoxx 50	4582,07	4558,76	+ 0,51

	22.05.	21.05.	Änd. in %
Composite Dax	496,04	493,55	+ 0,50
Automobil	415,35	417,16	– 0,43
Banken	492,18	493,51	– 0,27
Bau	216,72	218,88	– 0,99
Beteiligungs-Unternehmen	2901,09	2886,42	+ 0,51
Chemie	566,52	566,75	– 0,04
Einzelhandel	262,30	262,43	– 0,05
Finanzdienstleister	749,85	738,59	+ 1,52
Maschinenbau	293,82	293,50	+ 0,11
Medien	335,91	331,39	+ 1,36
Nahrungsmittel und Getränke	211,95	211,46	+ 0,23
Rohstoffe	526,17	525,08	+ 0,21
Pharma	941,18	937,76	+ 0,36
Software	10100,84	9832,47	+ 2,73
Technologie	621,52	616,54	+ 0,81
Telekommunikation	147,38	143,70	+ 2,56
Transport und Logistik	467,62	463,26	+ 0,94
Versicherungen	638,13	638,18	– 0,01
Versorger	583,77	583,05	+ 0,12
Zyklische Konsumgüter	294,77	289,49	+ 1,82

30 Dax-Werte	22.05.	21.05.
gestiegen	12	20
gefallen	17	8
unverändert	1	2

Präsenzbörsen-Umsätze (Mill. Euro)	22.05.	21.05.
Aktien	5625,09	3939,65
Optionsscheine	98,52	84,05

USA	22.05.	21.05.	Änd. in %
Dow-Jones-Index (Schluss)	11257,24	11337,92	–0,71
Aktien (Nyse): gestiegen	1495	2072	
gefallen	1609	1033	
unverändert	204	197	
Nyse-Umsatz in Mill. Aktien	1251,59	1212,09	

Rentenmarkt

	22.05.	21.05.	Änd.
Umlaufrendite	4,98	5,00	–0,02
Euro-Bund-Future Juni (Schluss)	106,14	106,61	–0,47
Bundesbank-Saldo in Mill. Euro	–63,30	+282,40	
Dt. Rentenindex (Rex)	111,7757	111,6741	+0,1016
Rex-Performance-Index	240,7401	240,4883	+0,2518
Rex-Rendite 1 Jahr Restlaufzeit	4,4503	4,4780	–0,0277
5 Jahre Restlaufzeit	4,7446	4,7718	–0,0272
10 Jahre Restlaufzeit	5,1137	5,1233	–0,0096
Rentenumsatz (Mill. Euro)	718,83	1108,57	
Hypo-Zins-Indikator, 5 Jahre	5,52	5,56	–0,04
Hypo-Zins-Indikator, 10 Jahre	6,00	6,03	–0,03
Hypothekarkredite auf 5 Jahre effektiv		5,36–5,97%	
Hypothekarkredite auf 10 Jahre effektiv		5,66–6,33%	

Marktlage am Bankschalter

Dispositionskredite	8,20–13,00%
Spareinlagen (jährlich)	2,25–4,75%
Festgeld (10 000 bis 50 000 DM) 30 Tage	2,40–4,35%
Festgeld (10 000 bis 50 000 DM) 90 Tage	3,45–5,20%

Zinssätze der öffentlichen Hand (in %)

Finanzierungsschätze (DM) 1 Jahr 3,99%, 2 Jahre 4,01% Rendite

Bundesschatzbrief (DM)	Typ A 4,38% Endrendite
	Typ B 4,53% Endrendite

Bundesobligationen (Euro) 5 J.: nominal 4,50% zu 99,80%, 4,52% Rendite.

Zinssätze der Euro-Zentralbank

Mindestbietungssatz (der wichtigste Leitzins)	4,50% (seit 10.05.2001)
Zinstender vom 22. 05. à 14 Tage zugeteilt ab	4,53%
Zinstender vom 14. 05. à 15 Tage zugeteilt ab	4,54%
Spitzenrefinanzierungsfazilität	5,50% (seit 10.05.2001)
Einlagenfazilität	3,50% (seit 10.05.2001)
Basiszinssatz (Bundesbank)	4,26% (seit 01.09.2000)

USA

22.00 h	Rendite 22.05.	Rendite 21.05./22h	Änd. in Punkten
3-Monats-T-Bills	3,64	3,64	±0,00
10-jährige T-Bonds	5,39	5,38	+0,01
30-jährige T-Bonds	5,77	5,75	+0,02

Fed-Zielsatz für Tagesgeld-Zinsen (der wichtigste Leitzins) 4,00%, Fed-Diskontsatz 3,50%, Prime Rate 7,00%

Devisen (Referenzkurse), Gold und Öl

	22.05.	21.05.	Änd.
Dollar je Euro	0,8707	0,8747	–0,0040
Pfund je Euro	0,6069	0,6092	–0,0023
Yen je Euro	107,30	107,83	–0,5300
Gold (Dollar je Feinunze) Londoner Nachmittags-Fixing	284,15	291,25	–7,10
Brent-Öl ($ / Barrel / Juli) 22.00 h	29,32	29,42	–0,10

Marktdaten auf einen Blick (Quelle: *FAZ*, 14.4.2001)

Anleihenmarkt

Der Anleihenmarkt informiert den Leser über die Entwicklung des Rentenmarkts, an dem Rentenpapiere wie Bundesanleihen, Bundesobligationen, Treuhandanleihen und Schatzanweisungen gehandelt werden.

Der Markt für Rentenpapiere passt sich den Entwicklungen nicht so elastisch an wie beispielsweise der Aktienmarkt, der sofort und oft dramatisch auf wirtschaftliche oder politische Ereignisse reagiert. Beim Rentenmarkt wirken sich solche Faktoren oft mit einem „timelag" (Zeitverzögerung) aus.

Ein Beispiel für die Notierung von Anleihen:

BUNDESANLEIHEN

Zins	Laufzeit	Zins-termin	25.6. Kassa	26.6. Kassa	26.6. Rend.
6	86II/16	20.6.	107,73	107,42	5,2708
5,625	86I/16	20.9.	103,63	103,30	5,2988
8,75	91/01 FDE	20.8.	100,58G	100,57G	4,5156
8,25	91/01	20.9.	100,81	100,80	4,4612
8	92/02 FDE	21.1.	101,99	101,98G	4,2731
8	92/02	22.7.	103,89	103,88	4,2024
7,25	92/02	21.10.	103,82	103,80G	4,1823
7,125	92/02	20.12.	104,10	104,08	4,1858
6,75	93/03	22.4.	104,36	104,34	4,2029
6,5	93/03	15.7.	104,47G	104,45bG	4,1866
6	93/03	15.9.	103,81	103,79	4,1575
6,25	94/24	4.1.	108,05	107,67	5,6337
6,75	94/04	15.7.	106,86	106,81	4,3151
4,519	94/04	20.9.	99,59	99,59	
7,5	94/04	11.11.	109,64	109,57	4,3664
7,375	95/05	3.1.	109,59	109,53	4,3737
6,875	95/05	12.5.	108,62	108,55	4,4182
6,5	95/05	14.10.	107,93	107,85	4,4410
6	96I/06	5.1.	106,17	106,05	4,4778
6	96II/06	16.2.	106,28	106,17	4,4832
6,25	96/06	26.4.	107,89	107,78	4,4184
6	97I/07	4.1.	107,10G	106,98	4,5298
6	97II/07	4.7.	107,21	107,08	4,6247
6,5	97/27	4.7.	111,80	111,42	5,6511

SCHATZANWEISUNGEN

Zins	Laufzeit	Zins-termin	25.6. Kassa	26.6. Kassa	26.6. Rend.
3,5	99/01	14.9.	99,79	99,81	4,3016
4	99/01	14.12.	99,85G	99,85	4,2388
4,5	00/02	15.3.	100,15	100,15	4,2304
5	00/02	14.6.	100,79	100,78	4,1562
5	00/02 II	13.9.	100,95G	100,94 G	4,1607
4,75	00/02	13.12.	100,77G	100,75	4,1773
4,25	01/03	14.3.	100,12	100,10	4,1699
4,25	01/03 II.	13.6.	100,20	100.18	4,1491

BUNDESBAHN

Zins	Laufzeit	Zins-termin	25.6. Kassa	26.6. Kassa	26.6. Rend.
8,5	91/01	2.7.	100,06G	100,05G	3,6871
8	92/02	1.7.	103,63	103,63	4,2533
7,5	92/02	30.10.	104,15	104,14	4,2177
6,125	93/03	28.10.	103,78	103,78	4,3666

POST

Zins	Laufzeit	Zins-termin	25.6. Kassa	26.6. Kassa	26.6. Rend.
8,5	91/01	3.9.	100,69	100,68	4,4515
8	92/02	1.2.	102,06	102,06G	4,3061
8,25	92/02	1.8.	104,18G	104,18G	4,2436
7,5	92/02	2.12.	104,38	104,37	4,2364
6,25	93/03	1.10.	103,96	103,96	4,3519
6,75	94/04	1.4.	105,88	105,85	4,4347
7,5	94/04	2.8.	108,53	108,48	4,4951
7,75	94/04	1.10.	109,57	109,53	4,5244

Anleihen im Wirtschaftsteil (Quelle: *FAZ*, 27.6.2001)

Geldmarkt

Der Geldmarkt bildet zusammen mit dem Kapital- den Kredit-markt. Am Geldmarkt nehmen vorwiegend renommierte Banken, der Bund und einzelne Bundesländer teil. Er ist der inländische Markt für eher kurzfristige Geldanlagen und -aufnahmen. Grundsätzlich ist es problematisch, im Wirtschaftsleben von kurz-, mittel- oder langfristig zu sprechen. „Kurzfristig" meint hier einen Zeitraum von bis zu einem Jahr, etwa Tages- oder Termingelder (wie Monats- oder Dreimonatsgelder).

Die Hauptaktivitäten auf dem Geldmarkt sind neben dem Direktverkehr zwischen den Banken der Kauf und Verkauf von Geldmarktpapieren wie Schatzwechseln und unverzinslichen Schatzanweisungen (so genannten U-Schätzen) von Bund und Ländern.

Beispiel
Ein Bundesland nimmt für kurze Zeit bei der Zentralbank Geld auf.

Nehmen die Beteiligten am Geldmarkt Kredite auf, verändern sich die Liquiditätsreserven. Geldmarktpapiere können jederzeit bei der Zentralbank eingelöst werden.

Auch der internationale Handel ist im Zuge der Globalisierung wichtig. Der internationale Geldmarkt befasst sich mit dem Handel von Bankguthaben (Deposits) und Geldmarktpapieren (Bills).

Der Geldmarktsatz

„Geldmarktsatz" nennt man das Entgelt bzw. den Zins für die Aufnahmen oder Anlagen am Geldmarkt. Unter anderem gibt es folgende Geldmarktsätze:

Die Welt des Investments

- Frankfurt Interbank offered rate oder **Fibor**. Der Fibor ist ein Durchschnitts-Geldmarktsatz, der sich aus den Briefsätzen (zu denen Händler Geld ausleihen) bestimmter deutscher Banken ergibt.

- European Interbank offered rate oder **Euribor**. Der Euribor wurde im Rahmen der Euro-Einführung zum Geldmarktreferenzsatz (der durchschnittliche, repräsentative Geldmarktsatz) und verdrängte die landesinternen Referenzzinssätze wie den Fibor und den Pibor (Paris Interbank offered rate).

Die folgende Übersicht zeigt, wie die Geldmarktsätze unter Banken in einem Wirtschaftsteil aufgeführt werden:

GELDMARKTSÄTZE UNTER BANKEN

Euribor neu   Tagesgeld: Euro Overnight Index Average (Eonia) 4,53% (Vortag: 4,54%)

Prozent	18.5.	21.5.		18.5.	21.5.		18.5.	21.5.
1 Monat	4,58600	4,58100	5 Monate	4,50100	4,51300	9 Monate	4,44800	4,49000
2 Monate	4,57500	4,57300	6 Monate	4,47100	4,49600	10 Monate	4,44600	4,49100
3 Monate	4,55700	4,55700	7 Monate	4,45700	4,49100	11 Monate	4,44100	4,49000
4 Monate	4,52400	4,53400	8 Monate	4,45500	4,49000	12 Monate	4,44000	4,49100

INTERBANKEN-GELDMARKTSÄTZE

21.5.2001/14.00 Uhr	Overnight	1 Monat	2 Monate	3 Monate	6 Monate	1 Jahr
Am. Dollar (USD)	3.97 – 4.07	3.99 – 4.09	3.98 – 4.08	3.98 – 4.08	3.99 – 4.09	4.25 – 4.35
Euro (EUR)	4.44 – 4.54	4.53 – 4.58	4.52 – 4.57	4.50 – 4.55	4.44 – 4.49	4.44 – 4.49
Schw. Franken (CHF)	3.28 – 3.38	3.15 – 3.35	3.15 – 3.21	3.14 – 3.20	3.10 – 3.16	3.10 – 3.16
Jap.Yen (JPY)	– 0.06	– 0.07	– 0.10	– 0.10	– 0.10	0.01 – 0.11
Brit. Pfund (GBP)	5.15 – 5.25	5.10 – 5.20	5.11 – 5.21	5.12 – 5.22	5.16 – 5.25	5.26 – 5.36
Kan. Dollar (CAD)	–	4.44 – 4.54	4.41 – 4.51	4.39 – 4.49	4.37 – 4.47	4.54 – 4.63
Austr. Dollar (AUD)	4.88 – 4.98	4.86 – 4.96	4.82 – 4.92	4.81 – 4.91	4.84 – 4.94	5.02 – 5.12
Neuseel. Dollar (NZD)	5.60 – 5.75	5.55 – 5.73	5.55 – 5.73	5.57 – 5.75	5.59 – 5.77	5.81 – 5.99
Schwed. Krone (SEK)	4.00 – 4.10	4.00 – 4.10	4.01 – 4.11	4.02 – 4.12	4.07 – 4.17	4.26 – 4.36
Dän. Krone (DKK)	4.85 – 4.95	4.96 – 5.06	4.95 – 5.05	4.94 – 5.04	4.89 – 4.99	4.86 – 4.96
Tschech. Krone (CZK)	4.92 – 5.02	4.93 – 5.03	4.93 – 5.03	4.93 – 5.03	4.94 – 5.04	4.94 – 5.04
Hongk. Dollar (HKD)	3.85 – 4.10	3.68 – 3.93	3.69 – 3.89	3.72 – 3.92	3.79 – 3.99	4.11 – 4.31
Südafr. Rand (ZAR)	10.85 – 11.10	10.48 – 10.73	10.43 – 10.68	10.43 – 10.68	10.25 – 10.50	10.43 – 10.68

Die Kurse – jeweils der niedrigste Geld-Satz und der höchste Brief-Satz – geben die Situation in den täglichen Haupthandelszeiten wider. Die Geldmarktsätze sind institutsabhängig. Mitgeteilt von der Dresdner Bank, Frankfurt

Geldmarktsätze (Quelle: *FAZ*, 14.4.2001)

Devisenmarkt

Am Devisenmarkt werden die Devisenkurse festgesetzt. Das sind die Preise, die das Austauschverhältnis von verschiedenen Währungen zum Ausdruck bringen. Die Devisenbörsen stellen den amtlichen Kurs fest. Maßgebend ist dabei ein Mittelkurs, wobei allerdings nur Brief- und Geldkurs angegeben werden. Zu Briefkursen verkaufen die Banken Devisen an die Kunden, zu Geldkursen kaufen sie Devisen an.

Bei den Devisenkursen unterscheidet man zwei Arten von Notierungen:

- Mengennotierung
- Preisnotierung

Die Mengennotierung, die im Ausland notiert wird, gibt Auskunft darüber, welche Menge einer Fremdwährung für eine oder 100 Einheiten der Inlandswährung bezahlt wird. Die Preisnotierung wiederum legt fest, welcher Preis in der Inlandswährung für eine oder 100 Währungseinheiten der Auslandswährung zu bezahlen ist.

Euro und Dollar – eine eigene Meldung wert

Möchten Sie wissen, zu welchen Konditionen Sie US-Dollar kaufen können, müssen Sie sich allerdings nicht mühsam die tagesaktuellen Kurse heraussuchen. Denn der Kurs des Dollars gehört zu den Meldungen, die täglich ihren festen Platz in den Zeitungen haben (in der *SZ* etwa auf der 1. Seite, in der *FAZ* als Grafik auf der 1. Seite des Wirtschaftsteils). Meist wird auch die Entwicklung kommentiert, wie im folgenden Bericht:

Euro steigt zeitweise auf Wochenhoch

Die Zweifel an einer baldigen Erholung der amerikanischen Konjunktur haben den Dollar am Dienstag vor der für Mittwoch erwarteten sechsten amerikanischen Leitzinssenkung in diesem Jahr gedrückt.

Der Euro legte zeitweise mehr als einen halben Cent auf ein Wochenhoch von 0,8651 Dollar zu, gab dann aber wieder etwas nach. „Der Markt sieht die amerikanische Konjunktur mißtrauischer", sagte Jörg Isselmann von der BHF-Bank. Wenn die amerikanische Notenbank die Zinsen nochmals um 50 Basispunkte senke, könne sie nichts mehr für eine Konjunkturbelebung tun. Ein Ende der Schwächephase der amerikanischen Wirtschaft sei aber noch nicht in Sicht.

Die Europäische Zentralbank (EZB) setzte den Referenzkurs auf 0,8611 (Montag: 0,8607) Dollar fest. Der Dollar kostete damit 2,2713 (2,2724) DM.

Im Referenzkursverfahren Öffentlicher Banken wurde der Euro mit 0,8611 Dollar nach 0,8613 Dollar am Montag ermittelt. In New York lag der Euro im Handelsverlauf um 0,14 Prozent fester bei 0,8626 Dollar nach einer letzten Notiz am Montagabend von 0,8590/95 Dollar.

(dpa/Reuters)

Meldung der *FAZ* vom 27.6.2001

Geschäfte mit Devisen

Die Handelsgeschäfte mit Devisen lassen sich grob gesagt in zwei Gruppen unterscheiden.

1 Termin- oder Kassageschäfte

Die Erfüllung eines Termingeschäfts ist an einen bestimmten Termin geknüpft.

Beispiel
Erfüllung ist in zwei Monaten.

Kassageschäfte müssen innerhalb von zwei Tagen nach Abschluss erfüllt werden. Die Differenz zwischen Kassa- und

Terminkurs wird Aufschlag oder Report bzw. Abschlag oder Deport genannt. Deports und Reports heißen auch Swapsatz.

2 Eigen- oder Dienstleistungsgeschäfte

Eigengeschäfte werden von Banken vorgenommen, um Arbitragegeschäfte zu bekommen. Diese Geschäfte nutzen zur Gewinnerzielung Preisunterschiede an unterschiedlichen Märkten, an denen die Waren zu unterschiedlichen Preisen gehandelt werden.

Beispiel

Banken spekulieren an verschiedenen Devisenmärkten, wo die gleichen Devisen oftmals zu unterschiedlichen Preisen gehandelt werden. Aus den Kursdifferenzen zwischen den Devisenmärkten erzielen die Banken dann profitable Gewinne. Durch Eigengeschäfte sichern sie sich aber auch gegen Risiken ab, die sie übernommen haben.

Von Dienstleistungsgeschäften spricht man, wenn Banken den Verkauf und den Ankauf von Devisen für ihre Kunden übernehmen.

Internationale Devisenmärkte im Wirtschaftsteil

Im Wirtschaftsteil werden auch die Aktivitäten an den internationalen Devisenmärkten veröffentlicht. Damit verbunden sind Informationen über die Währungen der einzelnen Länder etwa die Devisenkurse. Der folgende Ausschnitt zeigt diese Informationen:

Die Welt des Investments

DEVISENMÄRKTE

| Devisenkurse für 1 Euro | | | | 26.06.01 | | Notenpreise in DM | |
| Interbankenkurse (20 Uhr) | | EZB Referenz-kurs | Banken Euro-FX | Währung | Einh. | An-kauf | Ver-kauf |
Geld	Brief						
0,8621	0,8627	0,8611	0,8611	Am. Dollar*	1	2,210	2,340
1,6567	1,6607	1,6621		Austr. Dollar*	1	1,120	1,270
1,977	1,9806			Bras. Real	1	0,790	1,660
0,6089	0,6094	0,609	0,6098	Brit. Pfund*	1	3,080	3,300
				Chin. Yuan*	100	12,301	33,150
7,4496	7,4518	7,4522	7,4523	Dän. Krone*	100	25,040	27,460
15,6146	15,6946	15,6466		Estl. Krone	100		
6,7215	6,7315	6,7165		Hongk. Dollar*	100	25,237	33,094
106,72	106,85	106,71	106,62	Jap. Yen*	100	1,750	1,920
1,304	1,307	1,3085	1,3069	Kan. Dollar*	1	1,420	1,580
7,779	7,859			Mex. Peso*	100		
2,0695	2,0745	2,0645		Neus. Dollar*	1	0,850	1,060
7,9185	7,9265	7,936	7,9381	Norw. Krone*	100	22,820	26,150
3,3993	3,4193	3,4047		Poln. Zloty*	100	50,150	67,442
24,955	25,255			Russ.Rubel*	100		
9,2392	9,2512	9,2192	9,2102	Schw. Kron.*	100	19,800	22,330
1,5222	1,5232	1,5222	1,5211	Schw. Frank.*	100	126,130	131,200
1,5679	1,5719	1,5672		Sing. Dollar*	1	1,243	1,253
42,44	42,94	42,381		Slowak. Kron.*	100	3,992	5,147
6,9049	6,9249	6,91		Südaf. Rand*	1	0,210	0,340
38,886	39,066			Thail. Baht*	100		
33,813	33,913	33,83		Tsch. Krone*	100	5,190	6,180
				Türk. Lira	1000	0,002	0,002
242,78	243,78	243,35		Ungar. Forint*	100	0,650	0,970
0,5711	0,5771	0,57428		Zypr. Pfund*	1	3,092	3,742

* Interbankenkurse von der Dresdner Bank

Termine (Swapsätze; Euro gegen Fremdwährung) 1,3,6 Monate:
Dollar: -6,9/-5,5 ; -17,3/-15,3 ; -29,1/-25,1 ; **Pfund:** 2,6/3,8 ; 9,4/13,4 ;
25,9/30,9 ; **Schweizer Franken:** -17,4/-14,4 ; -48,2/-42,2 ; -92,3/-84,3 ;

Ausschnitt aus den Deviseninformationen (Quelle: *FAZ*, 27.6.2001)

Terminmarkt

Der Terminmarkt findet an der Deutschen Terminbörse (DTB) statt. Im Vordergrund stehen Derivatgeschäfte, der Handel mit Futures und Optionen.

Futures

Futures nennt man standardisierte Terminkontrakte. Sie beinhalten für den Käufer und den Verkäufer die Verpflichtung, nach Ablauf einer Frist, die zuvor vereinbart wurde, eine bestimmte Anzahl zu festgelegten Konditionen zu kaufen oder zu verkaufen. Zu den Futures gehören z. B. Rohstoffe und Währungen.

Optionen

Optionen bringen das Recht, nicht jedoch die Verpflichtung mit sich, etwas zu einem bestimmten Zeitpunkt oder während einer festgelegten Zeitspanne zu einem vereinbarten Preis zu verkaufen oder zu kaufen.

Bei den Optionen unterscheidet man

- den Put bzw. die Put-Option (Verkaufsoption)
- den Call bzw. die Call-Option (Kaufoption)

Beispiele
Der Erwerber eines Puts hat das Recht, später eine bestimmte Menge zu einem vereinbarten Preis zu verkaufen. Der Käufer eines Calls kann entsprechend kaufen.

Optionen und weitere Anlageformen finden Sie im Taschen-Guide *Die Börse* näher erläutert.

Warenmarkt

Auch zu den Warenmärkten – insbesondere den internationalen – finden Sie im Wirtschaftsteil Informationen. Hier erfahren Sie, welche Waren zu welchen Preisen auf den internationalen Märkten gehandelt werden. Dabei werden nicht nur die laufenden Tageswerte angegeben, sondern auch die Veränderungen in Prozent.

Die Werte, auf die Sie im Wirtschaftsteil stoßen, beziehen sich primär auf Originärprodukte, nicht auf Konsum- oder Produktionsartikel.

Beispiel
Rohstoffe und Grundsubstanzen werden an Warenmärkten gehandelt.

Immobilienmarkt

Auf den Wirtschaftsseiten der Zeitung wird auch über den Immobilienmarkt berichtet. Hier finden Sie Informationen über die Anlagesituation als solche und über Immobilienfonds.

Bei Immobilienfonds unterscheidet man

- offene und
- geschlossene Fonds.

Der Unterschied ist einfach: Beim offenen Immobilienfonds ist die Zahl der Anleger nicht begrenzt, so gut wieder jeder kann investieren. Auch monatliche Sparbeträge oder kleine Summen sind möglich. In der Regel enthalten die offenen Immobilienfonds zahlreiche Objekte.

Beim geschlossenen Fonds wird das Finanzierungsvolumen im Voraus festgelegt. Wer sich beteiligen möchte, kann in einer bestimmten Zeitspanne zeichnen; sind die Anteile vergeben, kann niemand mehr einsteigen. Oft investieren die Anleger nur in ein einziges Objekt.

Aktien + Co: Das Wichtigste über Wertpapiere

Der Aktienhandel hat in den letzten Jahren stark an Bedeutung gewonnen. Im Zuge dieser Entwicklung haben sich seine Formen sehr verändert. Zunächst einmal sind Wertpapiere schlicht Urkunden, die Rechte – private Vermögensrechte – verkörpern. Ihre Bedeutung ist enorm: Denn wer Wertpapiere kauft, stellt das investierte Geld der Wirtschaft oder dem Staat zur Verfügung.

Welchen Nutzen haben Wertpapiere?

Beide, Wirtschaft und Staat, benötigen Anlagekapital aus verschiedenen Gründen.

- Die Unternehmen brauchen es, um weitere Investitionen tätigen zu können. Das gilt beispielsweise gerade für Firmen, die am Neuen Markt gelistet sind. Sie konnten sich durch den Börsengang mit dringend benötigtem Kapital versorgen.

- Im Rahmen der vom Staat gesteuerten Offenmarktpolitik können Wertpapiere dazu genutzt werden, die Nachfrage zu steuern, indem durch die Ausgabe von Wertpapieren den Haushalten und Unternehmen Geld entzogen wird. Dann steht diese Geld nicht mehr für Investitionen oder Konsumausgaben zur Verfügung.

- Andererseits kann der Staat durch den Kauf von Wertpapieren zusätzliches Bargeld oder Giralgeld (Geld auf den Konten) in Umlauf bringen. Diese Mittel können dann entsprechend für Investitionen und Konsumzwecke verwendet werden.

■ Der Staat kassiert die Steuer, die auf Spekulationsgewinne erhoben wird.

Für Sie, den Investor, sind Wertpapiere natürlich in erster Linie eine kurz-, mittel- oder langfristige Kapitalanlage. Auch ganz konkret dienen Aktien immer öfter als zusätzliche Altersversorgung.

Welche Arten von Wertpapieren gibt es?

Wertpapiere kann man grundsätzlich wie folgt einteilen:

■ Kapitalwertpapiere („vertretbar" oder „nicht vertretbar" i. S. von: durch andere Wertpapiere gleicher Art) wie Aktien und Bundesobligationen,

■ Warenwertpapiere wie Lade- und Lagerscheine,

■ Geldwertpapiere wie Banknoten, Wechsel, Schecks, Dividendenscheine.

Als Effekten (am Kapitalmarkt handelbare und vertretbare bzw. fungible Wertpapiere) können Wertpapiere hinsichtlich des verbrieften Rechts nach den folgenden Kriterien unterteilt werden:

■ Wertpapiere, die einen Anteil bzw. eine Mitgliedschaft verbriefen, wie Aktien als Anteile an einer Aktiengesellschaft (AG),

■ Wertpapiere, die Sachenrechte verbriefen, wie Lagerscheine, Hypotheken- oder Grundschuldbriefe,

- Wertpapiere, die Forderungsansprüche verbriefen, wie Schatzanweisungen, Schecks oder Wechsel.

Hinsichtlich der Art und Weise, wie die Wertpapiere übertragen werden, unterscheidet man wie folgt:

- Wertpapiere als Inhaberpapiere, die auf den Inhaber ausgestellt sind, wie Inhaberaktien, Inhaberschuldverschreibungen,

- Wertpapiere als Orderpapiere, die auf eine bestimmte Person oder in deren Order ausgestellt sind, wie Namensaktien für bestimmte Personen, Orderschuldverschreibungen.

In Bezug auf den Ertrag lassen sich die Effekten wie folgt einteilen:

- Dividendenpapiere, die Anspruch auf Gewinn in Form von Dividenden oder Ausschüttungen haben (Teilhaberpapiere), wie Aktien, Investmentanteile,

- festverzinsliche Wertpapiere, die einen Anspruch auf einen festen Zins haben (Gläubigerpapiere), wie Industrieobligationen, Bundesschatzbriefe.

Börse: Hier können Sie handeln

Die Börse ist der Platz, an dem in vielen Fällen die Verkäufe und Käufe von Wertpapieren stattfinden. Es gibt aber auch die Möglichkeit, über Telefonaufträge oder den Computerhandel Käufe und Verkäufe zu tätigen.

In Deutschland kennt man an den Präsenzbörsen die folgenden Handelsarten (unterschiedlich strenge Voraussetzungen für die Zulassung von Unternehmen):

- Amtlicher Handel mit sehr strengen Zulassungsvoraussetzungen und Haftung der Bank, welche die Emission betreut,
- Freiverkehr ohne Notierung und ohne Zulassung,
- Neuer Markt,
- Geregelter Markt mit strengen Zulassungsvorschriften.

Wie Sie Indizes richtig interpretieren

Was ist ein Index?

Ein Index ist ein Barometer, anhand dessen Sie auf einen Blick sehen, in welcher Situation sich der Markt zurzeit befindet. Er erspart Ihnen die Analyse einzelner Kurse und trotzdem sind Sie gut informiert. Beispiele für einzelne Indizes finden Sie in den folgenden Abschnitten.

Der Wirtschaftsteil einer Zeitung veröffentlicht eine ganze Reihe von Indizes, die unterschiedliche Finanzanlagen in ihrer Entwicklung aufzeigen. In den letzten Jahren wurden immer mehr solcher Indizes entwickelt. Grund dafür ist sicherlich u. a., dass die Anleger im immer komplexer werdenden Marktgeschehen und angesichts der bestehenden Risiken etwas mehr Sicherheit haben wollen, indem sie in bestimmte Segmente investieren. Natürlich spielt der Wunsch nach Übersichtlichkeit ebenfalls eine Rolle.

Diese Indizes gibt es

Die folgende Auflistung zeigt Ihnen, welche Arten von Aktienindizes es unter anderem gibt:

AKTIEN-INDIZES

52 Wochen			22.6.	25.6.	26.6.	26.6.	Tages-	
Hoch	Tief		Schluß	Schluß	Schluß	Eröffn.	Hoch	Tief
2244,94	1676,78	F.A.Z.	1800,37	1803,31	1771,08	–	–	–
414,94	300,67	F.A.Z. Performance	325,18	324,58	321,28	–	–	–
207,67	149,60	F.A.Z. Euro	164,19	164,76	161,88	–	–	–
7480,14	5388,02	Dax	5941,77	5902,32	5847,79	5898,25	5898,25	5766,73
5079,88	4243,84	M - Dax	4825,19	4783,29	4767,85	4782,43	4782,43	4748,21
619,01	429,36	C - Dax	474,31	470,45	466,77	469,77	469,88	461,92
3331,75	2852,14	S - Dax	3000,87	2985,31	2951,41	2987,13	2989,89	2948,66
29,64	17,09	V - Dax	20,05	20,30	21,21	20,75	21,76	20,75
348,23	265,29	SMAX (Perf.)	277,29	276,02	273,32	276,07	276,28	273,08
6085,78	1414,49	Nemax-All-Share	1519,60	1467,34	1434,29	1460,52	1460,52	1414,49
6818,44	1254,50	Nemax 50	1416,55	1359,70	1342,21	1347,02	1347,53	1305,92
5392,63	3891,49	DJ Euro Stoxx 50 (Preis)	4194,96	4211,77	4143,75	4209,01	4209,01	4116,57
5182,37	3729,63	DJ Stoxx 50 (Preis)	4032,99	4031,98	3960,72	4026,00	4026,00	3943,79
398,15	322,71	DJ Euro Stoxx (Preis)	347,69	348,34	342,97	348,19	348,19	341,00
365,04	299,34	DJ Stoxx (Preis)	326,20	325,95	320,81	325,51	325,56	319,36
11337,92	9389,48	Dow Jones	10604,59	10504,22	10472,48	10497,30	10533,54	10394,85
1520,77	1103,25	S & P 500	1225,35	1218,60	1216,76	1215,31	1220,70	1204,64
4274,67	1638,80	Nasdaq Com. (Nasd.)	2034,83	2050,87	2064,62	2022,86	2068,15	2017,34
4099,30	1370,75	Nasdaq 100 (Nasd.)	1727,47	1743,90	1751,61	1708,89	1757,93	1705,93
679806,00	5537,30	FT 100 (London)	5685,70	5661,90	5555,70	5661,90	5666,30	5537,30
125234,00	1353,86	FT Euro Top (London)	1384,01	1383,42	1360,02	1380,92	1380,95	1353,86
3602,55	1713,01	FTSE TECHM (London)	1807,78	1799,86	1735,60	1799,03	1799,03	1716,48
955,41	570,32	FT Gold (London) (Vtg)	785,29	793,89	800,54	–	–	–
8377,00	6574,00	SMI (Zürich)	7161,20	7164,20	7067,20	7130,20	7137,40	7029,20
6922,33	4824,82	CAC 40 (Paris)	5183,67	5213,46	5090,73	5208,25	5204,45	5077,00
1064,36	816,26	Euronext 100 (Amsterdam)	889,09	892,41	876,50	891,99	891,99	874,08
17614,66	11819,70	Nikkei 225 (Tokio)	13044,60	12896,40	12978,80	12856,10	13026,80	12837,80
17920,86	12063,71	Hang-Seng (Hongk.)	13174,00	gs	12961,90	13142,40	13142,40	12942,50
426,54	195,94	DJ Global Titan (NY)	213,08	212,26	211,14	–	–	–

Aktienindizes (Quelle: *FAZ*, 27.6.2001)

Aus dieser Übersicht ersehen Sie auch, dass Zeitungen wie die FAZ eigene Indizes auflegen, um ihren Lesern mehr Hintergrundinformationen zu liefern.

Beispiel
Die *Frankfurter Allgemeine Zeitung* hat beispielsweise den F.A.Z.-Aktien-Index, den F.A.Z.-Performance-Index und den F.A.Z.-Euro-Index aufgelegt. Diese Indizes werden in der FAZ auch eigens dargestellt.

Der Dax

Was genau ist der Dax?

Der Dax (Deutscher Aktien Index) ist der bekannteste und bedeutendste inländische Aktienindex mit der größten Tradition. Er wird seit Juli 1988 von der Deutschen Börse bekannt gegeben und dient als Maßstab, um Vergleiche anzusetzen, aber auch als Anzeiger für die Marktsituation.

Man ermittelt ihn, indem man die Werte der 30 wichtigsten deutschen Aktien aus dem variablen Geschäft heranzieht (deshalb spricht man auch vom Dax 30). Man kann also mit Fug und Recht sagen, dass der Dax Lage und Leistung der gesamten deutschen Wirtschaft repräsentiert.

Welche Unternehmen gehören zum Dax?

Die Titel, die im Dax aufgeführt sind, zählen zu den beständigsten und renommiertesten Werten der deutschen Wirtschaft, den so genannten Bluechips. Sie stellen etwa 84 % des zum Börsengeschäft zugelassenen Kapitals.

Die Dax-Unternehmen müssen bestimmte Kriterien erfüllen, um in den Index aufgenommen zu werden bzw. darin zu bleiben. Tun sie das nicht, werden sie ausgetauscht. Der Wirtschaftsteil Ihrer Zeitung informiert Sie natürlich über einen solchen Wechsel. Für das nachrückende Unternehmen ist die Aufnahme in den Dax in der Regel entsprechend dem Renommeegewinn mit einem Kursanstieg verbunden. Auch durch Fusionen kann ein Dax-Platz frei werden.

WPKN	25.6.01 Schluß	26.6.01 Anfang	Parkett Frankfurt Tages Hoch	Tief	26.6.01 Schluß
DAX-30					
500340 Adidas-Salomon	69,30 G	69,00	69,70	68,00	69,70
840400 Allianz vink NA	331,80	330,00	32,00	25,50	330,50
515100 BASF	43,50 G	43,40	43,95	42,80	43,60 G
575200 Bayer	43,30 G	43,15	43,50	42,51	43,05 G
802200 Bay. Hypo-Vereinsbk.	57,50 G	57,70	57,70	56,40	56,70 G
519000 BMW StA	38,20 G	38,00	38,10	37,70	37,80 B
803200 Commerzbank	29,75 G	29,60	30,00	29,60	30,00 G
710000 DaimlerChrysler	52,30 G	52,30	52,30	50,90	51,00 G
542190 Degussa	32,35 G	32,00	32,25	31,50	31,50 G
514000 Deutsche Bank	88,00	87,90	87,90	84,52	85,30 G
555200 Deutsche Post	18,30	18,25	18,45	18,10	18,35
555750 Dt. Telekom	24,00	24,50	24,50	23,86	24,20 B
535000 Dresdner Bank	52,40 G	52,30	52,50	51,80	52,20 G
761440 E. ON	60,30 T	60,00	60,10	59,50	59,60 T
512800 Epcos	65,20	64,20	64,30	62,70	63,00 G
578580 Fres. Med. Care StA	84,20 B	84,50	84,50	82,50	82,60 G
604843 Henkel Vz	69,00 G	68,50	69,70	68,50	69,70 B
623100 Infineon	29,45	29,05	29,50	26,30	27,11
648300 Linde	49,70 G	50,30	50,30	49,05	49,40 G
823212 Lufthansa vink NA	18,40 G	18,40	18,40	17,90	18,00
593700 MAN StA	25,50 G	25,75	25,75	25,27	25,60
725750 Metro StA	41,50 G	41,50	42,30	41,30	42,30 G
843002 Münchener R. vink NA	318,70	318,70	18,70	11,00	316,00 T
695200 Preussag	36,10 G	36,00	36,20	34,80	35,40 T
703712 RWE StA	46,10	46,20	46,20	45,15	46,00 G
716460 SAP	166,00 bG	162,50	63,50	54,20	159,30
717200 Schering	61,90	61,60	62,40	61,35	61,70 G
723610 Siemens	72,80 B	72,20	72,40	69,90	71,50
750000 Thyssen Krupp	15,15 B	15,16	15,40	15,03	15,40 B
766400 VW StA	55,00	54,60	55,00	53,70	53,80 G

Unternehmen im Dax mit Wertpapierkennziffern (WPKN) (Quelle: *FAZ*, 27.6.2001)

Wie wird der Dax ermittelt?

Der Dax wird permanent berechnet, wobei auch die Börsenkapitalisierung und der Umsatz an der Börse einbezogen werden. Er ist ein Performance-Index. Das bedeutet, dass er die
Veränderungen der Kurse und die Erträge, wie beispielsweise
Zahlungen von Dividenden, berücksichtigt. Als Hilfsmittel bei
der Berechnung dient ein Bereinigungsfaktor.

Die Darstellung erfolgt einmal rechnerisch auf einem Dax-Ta-
bleau in der Börse. Außerdem wird der Dax-Verlauf grafisch
gezeigt.

Der Nemax

Der Nemax ist den Lesern des Wirtschaftsteils als Index des
Neuen Markts bekannt. Er gibt Auskunft über die Entwicklung
der Werte der dort gelisteten innovativen, jungen und wachs-
tumsorientierten Unternehmen (wie EM.TV, Kinowelt, Con-
sors, H5B5 Media etc.).

Weitere Nemax-Indizes

Der Nemax All Share beinhaltet alle Werte der inländischen
und ausländischen Unternehmen des Neuen Markts. Seit
1999 gibt es auch den Nemax 50. Er enthält die 50 Werte mit
der höchsten Liquidität.

Die Hauptvoraussetzungen für die Aufnahme in einen Ne-
max-Index sind ähnlich wie beim Dax. Entscheidend sind der
Umsatz an der Börse und die Kapitalisierung. Auch hier erfolgt
die Notierung laufend.

So sieht die grafische Darstellung im Wirtschaftsteil aus

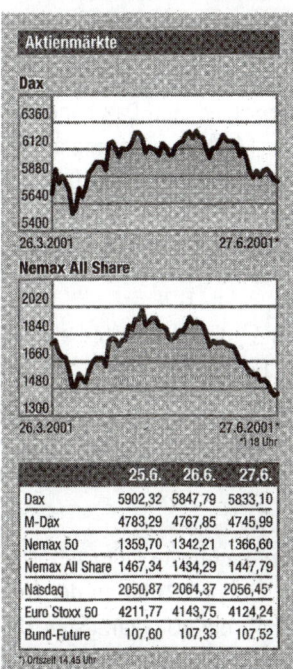

Hier sehen Sie eine grafische Darstellung von Dax und Nemax All Share sowie einen Vergleich verschiedener Indizes über ein paar Tage:

Sonstige Indizes

Es gibt eine ganze Reihe weiterer deutscher und internationaler Indizes, außerdem Indizes verschiedener Branchen. Auch über sie informiert Sie der Wirtschaftsteil regelmäßig. Hier einige Beispiele:

Indizes einzelner Kreditinstitute

Die Kreditinstitute haben eigene Indizes, die oft auch als spezielle Aktien oder Aktien aus der Region aufgeführt sind.

Verschiedene Indizes im Vergleich (Quelle: *FAZ*, 28.6.2001)

	25.6.	26.6.	27.6.
Dax	5902,32	5847,79	5833,10
M-Dax	4783,29	4767,85	4745,99
Nemax 50	1359,70	1342,21	1366,60
Nemax All Share	1467,34	1434,29	1447,79
Nasdaq	2050,87	2064,37	2056,45*
Euro Stoxx 50	4211,77	4143,75	4124,24
Bund-Future	107,60	107,33	107,52

*) Ortszeit 14.45 Uhr

Beispiele

Solche Indizes sind der Vobax (Index der Volksbanken) und der Hypax (Bayerische Hypotheken- und Wechselbank AG).

Der Xetra-Dax

Der Xetra-Dax wir durch die Kurse im Computerhandel festgelegt. Auch hier gibt es eine laufende Berechnung.

Der MDax

Der MDax, auch Mid-cap-Dax genannt, beinhaltet 70 variabel notierte Aktienwerte. Im Unterschied zum Dax haben die Mdax-Werte eine kleinere (daher „Mid") Ausstattung an Kapital. Nimmt man die ersten 100 Dax-Werte ohne die Dax-30-Titel, erhält man den MDax.

Der SDax

Die 100 nächsten Unternehmen – die also unterhalb der Messlatte für den MDax liegen – bilden den SDax. Auch diese Werte finden Sie in den Kursspalten des Wirtschaftsteils bzw. im Wirtschaftsteil anderer Medien.

Der Dow Jones

Natürlich darf an dieser Stelle der wichtigste Index der Welt nicht fehlen: der Dow Jones. Er wird seit 1884 an der New Yorker Börse berechnet und enthält die 30 wichtigsten US-amerikanischen Unternehmen. Jede Bewegung am Dow Jones wird an den Börsenplätzen der Welt mit angehaltenem Atem verfolgt. In der Regel folgen viele nationale Indizes, wie der Dax, kräftigeren Ausschlägen des Dow – nach oben wie nach unten.

Der Nasdaq

Vorbild für den deutschen Nemax war der Nasdaq-Index. Hier sind die führenden amerikanischen Technologieunternehmen gelistet. Ähnlich wie der Nemax verzeichnete der Nasdaq in den letzten Jahren bisweilen gewaltige Kurssprünge nach oben – doch leider auch nach unten.

Der Euro Stoxx 50

Immer wichtiger wird im Zuge der Europäischen Wirtschafts- und Währungsunion der Euro Stoxx 50, der die 50 umsatz- und kapitalstärksten europäischen Unternehmen enthält. Manche Zeitungen bieten Ihnen im Wirtschaftsteil auch eine Übersicht der Euro-Stoxx-50-Werte.

Nikkei und Hang Seng

Die beiden wichtigsten asiatischen Indizes sind der japanische Nikkei und der Hang Seng der Hongkonger Börse.

Wie interpretiert man einen Index?

Die verschiedenen Indizes sind so speziell und in ihrer Zusammensetzung so unterschiedlich, dass die Interpretation nicht einfach ist. Die meisten werden darüber hinaus nach unterschiedlichen Formeln ermittelt.

Beispiel

Der Dax wird nach einer Formel von Laspeyer berechnet, der FAZ-Index nach Paasche.

Indizes sind nicht die Lösung aller Probleme

Welche Formel auch immer verwendet wird und wie die Entwicklungen der letzten Jahre, Monate, Wochen oder Tage auch waren, eines steht fest: Der Interessent geht beim Kauf immer ein gewisses Risiko ein. Er kann die zukünftige Entwicklung der Unternehmen und die im Wesentlichen davon abhängenden Kursverläufe nicht voraussehen. Wäre dies möglich, gäbe es nur noch Gewinner an den Börsen und keine Verlierer.

Die Indizes helfen, die Stimmung des Markts aufzuzeigen. Aber sie geben keine Informationen darüber, wie es am Markt konkret weitergehen wird. Insofern sind sie lediglich vergangenheitsorientierte Hilfsmittel und keine fundierte Entscheidungsgrundlage, ob der Kauf oder Verkauf dieser oder jener Aktie richtig oder falsch sein wird.

■ *Indizes sind berechnete Durchschnitte und sagen nur bedingt etwas über das wirtschaftliche Potenzial, die Zukunftsaussichten, die Konkurrenz des Unternehmens, die Kunden und Lieferanten aus.* ■

Berücksichtigen Sie auch, dass bei einem Index der Bilanzposten Eigenkapital eine wichtige Rolle spielt.

Beispiel

Ein Unternehmen mit einer hohen Eigenkapitalausstattung und einem starken Grundkapitalstock hat entsprechend mehr Aktien ausgegeben als andere. Dies wiederum hat Auswirkung auf die Gewichtung der Aktien, was bei der Indexanalyse im Wirtschaftsteil kaum berücksichtigt wird.

Wenn sich Unternehmen an die Börse wagen

Gründe, weshalb Unternehmen an die Börse gehen (sprich: Aktien emittieren), gibt es mehrere. Einer ist natürlich, dass sie sich auf diese Weise Kapital holen.

Das Bookbuilding-Verfahren

In den Jahren 1999 und 2000 stieß man im Wirtschaftsteil der Zeitungen fast täglich auf den Begriff Bookbuilding. Was hat es damit auf sich?

So zeichnen Sie Aktien

Bevor die Aktien ab einem Stichtag an der Börse gehandelt werden, kann man sie bei der Konsortialbank zeichnen, also jener Bank, die das Going-Public des Unternehmens betreut. Für private und institutionelle Anleger (Fondsgesellschaften, Banken etc.) stehen unterschiedliche Mengen an Aktien zur Verfügung.

> ■ *Oft ein Ärgernis für Privatanleger: Sie werden zumeist kürzer gehalten als institutionelle Anleger. Das heißt: Für sie stehen insgesamt weniger Aktien zur Verfügung.* ■

Die Zeichnungsfrist, während der Sie Aktien „bestellen" können, beträgt meistens einige Tage oder Wochen und wird im Wirtschaftsteil veröffentlicht. Den genauen Kurs der Aktie kennen Sie zu diesem Zeitpunkt noch nicht. Festgelegt wird nur eine Kursspanne – beispielsweise 18 bis 23 €.

Wer kann zeichnen?

Im Prinzip kann jeder, der bei der Konsortialbank ein Depot hat, in der Bookbuilding-Phase Aktien zeichnen. Ob Sie allerdings so viele Aktien bekommen, wie Sie haben möchten, oder überhaupt welche, ist völlig ungewiss.

Das hängt davon ab, wie viele Aktien bestellt werden. In der heißen Boomphase der letzten Jahre waren die meisten Titel mehrfach überzeichnet: Die Unternehmen hätten manchmal die zwanzigfache Menge in Umlauf bringen können, bevor ihre Börsenkarriere überhaupt offiziell begonnen hat.

Der erste Tag

Die Anzahl der Anleger, die während des Bookbuildings Aktien des (Neu-)Emittenten zeichnen, ist auch mit entscheidend dafür, welcher Ausgabekurs innerhalb dieser Spanne gewählt wird. Bei entsprechender Nachfrage liegt der Einstandskurs am ersten Handelstag deutlich über diesem Ausgabekurs.

Zahlen Sie nicht drauf!

Wenn Sie das Börsenszenario in den vergangenen Jahren mitverfolgt haben, wissen Sie, dass die ersten Tag vor allem für unerfahrene Kleinanleger mit großen Risiken verbunden sind. Allzu oft nämlich kaufen diejenigen, die beim Bookbuilding leer ausgegangen sind, gleich am ersten Tag. Das Interesse an dem Börsenneuling ist, gerade wenn die Aktie überzeichnet war, zumindest anfangs häufig groß. Der Kurs kann also durchaus innerhalb weniger Stunden nach oben schießen.

Wer unbedingt sofort einsteigen will und womöglich kein Limit setzt, zahlt im Zweifelsfall einen viel zu hohen Preis. Spätestens wenn sich der Kursverlauf in den Tagen oder Wochen danach „normalisiert", wird er das bemerken.

So lesen Sie den Kursteil

Der Wirtschaftsteil lässt Sie mit den Indizes, Kursen und Darstellungen nicht allein. Eine wichtige Interpretationshilfe sind die Beiträge und Kommentare der Redaktion. Außerdem finden Sie in fast jeder Zeitung im Wirtschaftsteil einen Erläuterungsabschnitt zum Kursteil, in dem Sie über die im Börsenalltag üblichen Abkürzungen und Zusätze informiert werden. Im Folgenden dazu zwei Beispiele:

ERLÄUTERUNGEN ZUM KURSTEIL

Aktienmarkt (Beispiel):

1 Höchst- und Tiefstkurse der letzten 52 Wochen, z. T. gerundet, bereinigt um Kapitalmaßnahmen.
2 Börsenkapitalisierung: Unternehmenswert (Verlaufs- bzw. Schlußkurs multipliziert mit der Aktienzahl).
3 Gewinn je Aktie: nach Jahresabschluß bzw. Ertragsschätzung.
4 Kurs-Gewinn-Verhältnis: Kurs dividiert durch erwarteten Gewinn je Aktie. Je niedriger das KGV, desto besser.
5 Wertpapier-Kennnummer.
6 Schlußkurs vom Vortag.

7 Anfangskurs.
8 Höchst-/Tiefstkurs des Verlaufszeitraumes bzw. Börsentages.
9 Schlußkurs oder Kurs zur angegebenen Uhrzeit (Parkett bzw. Xetra).
10 Veränderung in Prozent zum Vortag bzw. Vorjahresende.

11 Dividende: jüngster ausgeschütteter Gewinnanteil je Aktie. Die Dividenden werden bei Teilnahmeländern an der Euro-Währung in Euro bzw. wenn sie in *kursiver Schrift* gedruckt sind, in der jeweiligen Landeswährung angegeben.

52 Wochen		Börsenkapital	Gewinn je Aktie			KGV		
Hoch	Tief	Mrd. Euro	2000	2001	2002	2001	2002	WPKN
332,00	152,00	7,64	10,20	9,80	11,70	17,3	14,5	123456

Ein Ausschnitt aus den Erläuterungen zum Kursteil der *FAZ* (27.6.2001)

Die Welt des Investments

Anleihemarkt
Ausländische Schuldner (Beispiel)

Zins	Titel, Laufzeit	Zins-termin	20.12. Kassa	21.12. Kassa	21.12. Rend.	Ratings
5,375	Titel 96/01	20.06.	123,12bG	123,12bG	9,135	Baa3 AAA
①	②	③	④	⑤	⑥	⑦

1 Zinssatz der Anleihe.
2 Emissionstitel bzw. Emittent und Laufzeit (zum Beispiel 96/00: aufgelegt 1996, fällig im Jahr 2001).
3 Zinstermin.
4 Kassakurs vom Vortag.
5 Kassakurs oder Kurs zur angegebenen Uhrzeit.
6 Rendite: effektive jährliche Ver-

zinsung in Prozent.
7 Ratings: Bewertung der Kreditwürdigkeit des Schuldners durch die Agenturen Moody's (links) bzw. Standard & Poor's (rechts). Bestes Rating: Aaa bzw. AAA; schlechtestes Rating bei Moody's: C; Standard & Poor's hat darüber hinaus noch die Einstufung „D".

Renditeabstand von Staatsanleihen (Beispiel)

			Spread gegenüber Bundesanleihen am				52 Wochen	
Laufzeit	Rend. 1.9.	1.9.	31.8.	25.8.	1.8.	1.9.00	Hoch	Tief
Land 2 Jahre	3,01	5	5	7	-2	25	28	-2
Aa1/AA+ 5 Jahre	3,35	11	16	17	1	2	22	-7
10 Jahre	4,15	20	23	24	3	7	42	15
①		②	③	④			⑤	

1 Land und Rating (siehe oben Ziffer 7).
2 Rendite: effektive jährliche Verzinsung am jeweiligen Datum in Prozent.
3 Spread: Renditeabstand gegenüber der vergleichbaren Bundes-

anleihe in Basispunkten; 100 Basispunkte entsprechen einem Prozentpunkt.
4 Spread von Vortag, Vorwoche, Vormonat und Vorjahr.
5 Spread-Hoch und -Tief der letzten 52 Wochen.

Erläuterungen zum Anleihenmarkt (Quelle: *FAZ*, 27.6.2001)

Glossar

Absatz: Erlöse durch Verkauf von Leistungen

Aktie: Wertpapier, das an der Börse gehandelt wird

Anleihe: Wertpapier mit Zinsanspruch; Gläubigerpapier

Aufsichtsrat: Kontrollorgan einer Aktiengesellschaft

Bedarf: Bedürfnis, das mit konkreter Kaufkraft verbunden ist

Bedürfnis: Wünsche und Mangelempfindungen von Individuen mit dem Wunsch nach Befriedigung

Beteiligung: Teilhabe am Unternehmen

Betriebsergebnis: Ergebnis der Kostenrechnung

Bilanz: Gegenüberstellung von Vermögen und Kapital eines Unternehmens zu einem ganz bestimmten Stichtag; Teil des Jahresabschlusses und wichtiges Bewertungsinstrument.

Börse: Ort, an dem zu bestimmten Zeiten fungible (durch andere Papiere der gleichen Art „vertretbare") Güter, Devisen, Waren und Wertpapiere gehandelt werden

Cashflow: wichtige Kennzahl, die angibt, inwieweit sich ein Unternehmen innerhalb eines Zeitraums aus dem Umsatzprozess finanzieren kann

Dax: Deutscher Aktienindex

Deflation: mehr Angebot an Gütern und Leistungen als Nachfrage danach; Preissenkungen, zunehmende Arbeitslosigkeit

Dividende: Aktiengewinn durch Ausschüttung

Devisen: in fremder Währung lautende Zahlungsmittel

Dividendenpapier: Wertpapier mit Dividendenanspruch

Dow Jones: US-amerikanischer Index mit den 30 wichtigsten Werten

Effekten: fungible, vertretbare Finanzwertpapiere

Emission: Ausgabe neuer Aktien, Effekten

Export: Versand von Waren, Leistungen in das Ausland

EZB: Europäische Zentralbank

Feindliche Übernahme: Übernahme von Unternehmen durch Konkurrenten

Fusion: Art eines Zusammenschlusses von Unternehmen

Gewinn- und Verlustrechnung (GV): zeigt den Erfolg des Unternehmens im Rahmen des Jahresabschlusses; Periodenrechnung

Haushalt: privater Haushalt als Teilnehmer am Wirtschaftsgeschehen

Import: Einfuhr von Waren, Leistungen aus dem Ausland

Inflation: andauernde Preissteigerung

Insolvenz: Zahlungsunfähigkeit

Investition: Verwendung von Mitteln in Vermögen

Jahresabschluss: Bilanz; Gewinn- und Verlustrechnung (GV), bei Kapitalgesellschaften mit Anhang

Kaufkraft: nachgefragte Kaufwünsche bzw. umgekehrter Wert der Preisniveauänderung

Konjunktur: wirtschaftliche Entwicklung mit verschiedenen, regelmäßigen Phasen von Aufschwung und von Abschwung

Konsum: Nachfrage, Verbrauch

Konzern: Zusammenschluss von rechtlich selbstständigen Unternehmen

Kreditlinie: finanzieller Rahmen, den man als laufenden Kredit beanspruchen kann

Markt: Ort, an dem sich Angebot und Nachfrage treffen; verschiedene Märkte, u. a. Geld-, Termin-, Aktienmarkt

Marktanteil: Anteil eines Unternehmens am Marktumsatz

MDax: Index der 70 auf die Dax-30-Titel folgenden Werte

Nasdaq: US-amerikanischer Technologie-Index

Nemax: Index von Papieren des Neuen Markts

Neuverschuldung: aktuelle neue Verschuldung des Staates

Leitzinsen: Zinsen insbesondere für die Wertpapierpensionsgeschäfte

Ökonomisches Prinzip: Minimal- und Maximalprinzip; optimales Wirtschaften

Rentabilität: Erfolg in Relation zum investierten Kapital

Sorten: Münzen, Bargeld in fremder Währung

Soziale Marktwirtschaft: Wirtschaftsform nach dem Prinzip der Marktwirtschaft mit Freiheit und sozialer Gerechtigkeit

Subventionen: Unterstützungen

Warenkorb: Gruppe von bestimmten Gütern und Leistungen, die von Haushalten konsumiert werden

Xetra: Exchange Electronic Trading – elektronischer Börsenhandel

Zinsen: Entgelt für die Überlassung von Kapital

Informationsquellen

Nützliche Adressen:

Deutsche Gesellschaft für
Wertpapiersparen mbH
(DWS)
Grüneburgweg 113–115,
D-60323 Frankfurt/Main
www.dws.de

Deutsches Institut für
Wirtschaftsforschung (DIW)
Postfach
14191 Berlin
Tel. 030/89789-0
www.diw.de

Institut für
Wirtschaftsforschung (ifo)
Poschingerstr. 5
81679 München
Tel. 089/9224-0
www.ifo.de

Institut für Weltwirtschaft
an der Universität Kiel
Düsternbrooker Weg 120
24105 Kiel
Tel. 0431/8814-1

Internetadressen:

„All Economy online" bietet
ein Wirtschaftsportal mit
vielen nützlichen Links:
www.alleco.de

Bundesministerium für
Wirtschaft und Technologie:
www.bmwi.de

Financial Times Deutschland
www.ftd.de

*Frankfurter Allgemeine
Zeitung*
www.faz.de

Handelsblatt
www.handelsblatt.com

Süddeutsche Zeitung
www.sueddeutsche-zei-
tung.de

Statistisches Bundesamt:
www.statistik-bund.de

Das Portal der Verbände:
www.verbaende.com

TaschenGuides – auch im Internet:

www.taschenguide.de

Ein Klick genügt und die kompakte
Fach-Bibliothek der Wirtschaft steht
Ihnen offen.

Sie bekommen **Checklisten**, praktische
Tipps und jede Menge **Wissen** zu
Themen, die Sie erfolgreich machen.

In www.taschenguide.de erfahren Sie,
welche TaschenGuides es bisher schon
gibt und welche demnächst erscheinen.
Und natürlich können Sie dort auch
gleich bestellen oder bei unserem
Gewinnspiel mitmachen.